谨以此丛书献给
内蒙古自治区文物考古研究所成立60周年

内蒙古文化遗产丛书

鄂尔多斯文化遗产

内蒙古自治区文物考古研究所　编

文物出版社

责任编辑　王　伟　张征雁
责任印制　张　丽

图书在版编目（CIP）数据

鄂尔多斯文化遗产 / 陈永志，吉平，张文平主编；
内蒙古自治区文物考古研究所编．－北京：文物出版社，
2014.8
　（内蒙古文化遗产丛书）
　ISBN 978－7－5010－4054－4

　Ⅰ.①鄂… Ⅱ.①陈… ②吉… ③张… ④内… Ⅲ.
①文化遗产－介绍－鄂尔多斯市 Ⅳ.①K292.63

　中国版本图书馆CIP数据核字(2014)第165008号

鄂尔多斯文化遗产

编　　者　内蒙古自治区文物考古研究所
出版发行　文物出版社
地　　址　北京市东直门内北小街2号楼
邮政编码　100007
网　　址　www.wenwu.com
邮　　箱　web@wenwu.com
制版印刷　北京燕泰美术制版印刷有限责任公司
经　　销　新华书店
版　　次　2014年8月第1版第1次印刷
开　　本　787×1092　　1/16
印　　张　21.75
书　　号　ISBN 978－7－5010－4054－4
定　　价　320.00元

序言

　　美丽富饶的内蒙古自治区位于祖国的北部边疆，环境优美，气候宜人，自古以来就是人类繁衍生息的好地方。特定的地理位置、区域特点与生态环境，形成绚丽多姿、丰富多彩的物质文化遗产，造就了博大精深的草原文化。由内蒙古自治区文物考古研究所编纂的这套《内蒙古文化遗产丛书》，将分布在内蒙古自治区各地的物质文化遗产以盟市为单位编列成书，系统地向社会展示，显示了内蒙古自治区文化遗产的突出优势，这在当今"弘扬社会主义先进文化，推动社会主义文化大发展大繁荣"的新形势下，无疑具有重要的现实意义。

　　内蒙古自治区历史悠久，文化积淀深厚。草原地区人类的历史最早可以追溯到旧石器时代，这是草原文化的滥觞时期。在内蒙古呼和浩特东郊发现的大窑旧石器时代遗址，发现了石器制造场与其他的人类遗迹，将内蒙古地区人类的历史提升到了50万年。另外，在内蒙古其他地区还发现了距今5万年至1万年的"河套人"以及"扎赍诺尔人"，由此证明了中国北方的内蒙古自治区也是人类的重要起源地之一。新石器时代至青铜时代是草原文化形成的重要阶段，以赤峰红山命名的红山文化，是这一时期草原文化的核心。在内蒙古地区相继发现的兴隆洼文化、赵宝沟文化、富河文化、庙子沟文化、小河沿文化、朱开沟文化、夏家店下层文化等一系列草原考古学文化，使得中华民族文化呈现出"多源辐辏"、"百花齐放"的繁荣局面。秦汉、魏晋之际是草原文化快速发展的重要阶段。位于阿拉善盟的居延遗址群是中国西部地区重要的汉代边疆城市遗址，以出土"居延汉简"著称于世。呼和浩特地区和林格尔的盛乐古城遗址是内蒙古中南部最大的都城遗址。呼伦贝尔市鄂伦春自治旗的嘎仙洞遗址，发现北魏太平真君四年（443年）的石刻祝文，证明了此处是鲜卑贵族的"先祖石室"、拓跋鲜卑的发祥地。这些重要的文化遗产是中国历史上多民族文化碰撞、融合、升华的实物见证。辽金元时期草原文化达到了空前的繁荣与昌盛。内蒙古东部的赤峰、通辽历史上是辽王朝的京畿地区，契丹人的政治中心所在。在这一地区分布有辽上京、辽中京两大都城，还分布有辽祖陵、辽怀陵、辽庆陵三大皇族陵寝，以及轰动世界、闻名遐迩的辽陈国公主墓、吐尔基山辽墓。元代的内蒙古地区是东西文化交流的主阵地，"草原丝绸之路"东端的重要起点。元上都遗址是中国北方草原地带最大的元代都城遗址，御天门、大安阁、穆清阁等重要建筑遗迹，真实地再现了元代皇城的宏伟规模，极大地彰显了元上都遗址的突出价值，是内蒙古自治区极为珍贵的世界文化遗产。位于乌兰察布市的集宁路古城遗址，考古发现了一处完整的市肆遗迹及多处器物窖藏，出土了釉里红玉壶春瓶、青花梨形壶、卵白釉"枢府"铭盘、青釉龟形砚滴、青釉荷叶盖罐等大量完整瓷器，以及其他珍贵瓷器标本上万件，堪称中国的"庞贝城"。另外，内蒙古自治区也是我国古代岩画资源最为富集的地区，以阴山岩画、曼德拉山岩画、乌兰察布岩画最为典型，岩画总量多达十万余幅，时代纵跨上万年，这是内蒙古草原地区现存最为壮观的古代艺术画廊。此外，内蒙古自治区还拥有当今世界上保存最长、辐射面最广、影响最为深远的特殊文化线路——长城。全区共查明有战国燕、战国赵、战国秦、秦代、西汉、东汉、北魏、隋代、北宋、金代、西夏、明代修筑的长城墙体7570公里，有与长城相关的马面、敌台、烽燧、障城、关堡等各类遗存近万处，其附属遗址的数量、跨越的时代及墙体长度，都位居全国第一。这些林林总总的物质文化遗产都是内蒙古自治区珍贵的文化资源，是草原文明的重要实物载体，也是草原文化薪火相传的实物例证。

《内蒙古文化遗产丛书》以草原地区古代民族活动遗留下来的物质文化遗产为具体研究对象，对人类的生产生活、社会生活、精神生活进行"时"、"空"、"人"三维的全方位考察研究，以期对草原民族物质生活、精神生活以及制度体系进行客观定位，进而揭示社会文化的发展状况，人类文明的历史进程。人类起源问题是当今世界十大科学课题之一，草原人类从何而来？草原文明从哪发端？这也是困扰当今学术界的重大问题。内蒙古草原地带大窑遗址、萨拉乌苏遗址、金斯太洞穴遗址、扎赉诺尔遗址等一系列旧石器时代文化遗存的考古发现，证明中国北方草原地带的内蒙古自治区同样也是人类的重要发祥地之一，其学术意义是不言而喻的。而古代文明的起源与形成也是世界学术界倍加关注的课题之一。近年来，随着内蒙古文化遗产保护、发掘与研究工作的深入开展，广泛分布在蒙古草原地带的一些古代遗址与墓葬逐渐地被揭露与发现，不同历史时期的文物精品大量破土面世。特别是位于内蒙古东部地区红山文化遗址的考古发现，证明了中华民族文明的源头可以追溯到草原深处，内蒙古同样也是中华文明曙光升起的地方，草原文化与黄河文化、长江文化三位一体，已经构成了中华民族历史文明的三大主流文化。中华民族多元一体文化格局的建构，草原文化功不可没。

草原文化之所以有着如此强大的生命力与感召力，还在于她的开放性、包容性与文化内涵的博大精深。内蒙古自治区位于欧亚大陆的东端，蒙古高原的南部，作为世界历史上著名的"草原丝绸之路"，这里是东西文化交流的重要长廊，也是游牧文明与农耕文明交融和碰撞的特殊地带。特殊的区域位置与人文环境，创造了种类繁多、规模宏大、保存完好的城市文化遗产。在内蒙古自治区分布有北魏的盛乐都，辽代的上京城，元代的上都、黑城古城等中外闻名的城市遗址，围绕着这些大遗址，群星点点地分布着各类古代文化遗存，构成了草原丝绸之路商品交换的大通道，东西文化传播的主干线。

所以，分布在内蒙古自治区这些林林总总的物质文化遗产，反映了草原文化的庞大内涵，是草原文明最为直接而又形象的体现。文化是多元的，中华民族文化是多民族文化碰撞、融和、升华的结果，草原文化是中华民族文化构筑的一个重要板块，深化草原文化研究，考察草原文化的发展演进轨迹，探索草原文化与华夏文化碰撞、融合的历史进程，对于进一步弘扬中华民族文化具有重要的历史意义。

习近平总书记指出：一个国家、一个民族的强盛，总是以文化兴盛为支撑的，中华民族伟大复兴需要以中华文化发展繁荣为条件。中华优秀文化是我们民族永不褪色的名片、永不贬值的"硬通货"。同时要求我们要系统梳理传统文化资源，让收藏在禁宫里的文物、陈列在广阔大地上的遗产、书写在古籍里的文字都"活"起来。这是对我们文化工作者的一个总体要求，也是我们文化遗产保护事业发展的一个总方针。目前，内蒙古自治区的文化遗产保护事业蓬勃发展，草原文化研究欣欣向荣，重大考古发现层出不穷，学术研究成果斐然，文化遗产保护工作得到了社会的普遍认同，在弘扬中华民族传统文化、增强国民凝聚力与向心力、建设社会主义和谐社会等方面发挥着不可替代的重要作用。作为展示草原文化遗产的点睛之作，《内蒙古文化遗产丛书》以研究内蒙古文化遗产为主要内容，旨在进一步弘扬草原文化，传承草原文明，这是这套丛书付梓的重要意义。

是为序。

内蒙古自治区党委常委　宣传部部长

2014年7月25日

目录

前言

陈永志

内蒙古自治区位于中国北方草原地带，作为世界上著名的"草原丝绸之路"，历史文化积淀深厚。目前已初步查明有各类文物遗址点2.1万余处，全国重点文物保护单位141处，自治区级重点文物保护单位319处，盟市旗县级别的文物保护单位700余处。这些林林总总的物质文化遗产，构成了草原文明的主体，展现出草原文化发展的完整脉络，是内蒙古自治区极为珍贵的文化资源。如何有效地利用这些丰厚的文化遗产，将文化遗产资源转化为强大的发展优势，这是我们每一个文物考古工作者所肩负的历史重任。党的十八大提出"两个一百年"的奋斗目标和实现中华民族伟大复兴"中国梦"的战略构想，而夯实中华文化的根基，展示中华文化的精粹，张扬中华文化的辉煌，是建设社会主义文化强国的根本，也是奔向"两个一百年"奋斗目标和实现中华民族伟大复兴"中国梦"最为有效的途径。

内蒙古自治区多草原、山地、沙漠的自然环境特点，使得历史上遗留下来的大量文物古迹完整地保存至今。内蒙古文化遗产的特色与优势就是地下埋藏文物丰富，文化内涵深厚，草原特色鲜明。近期，内蒙古自治区党委、政府提出了"8337"的发展思路，将内蒙古自治区建设成"体现草原文化、独具北疆特色的旅游观光、休闲度假基地"作为文化发展的战略目标，其主旨就是要充分发掘文化资源，彰显内蒙古自治区突出的文化资源优势，丰富草原文化的内涵。而文化遗产则是草原文化的主要承载体，是草原文明最为形象直观的体现。所以，对内蒙古自治区文化遗产的深入发掘、研究与展示，是弘扬草原文化、传承草原文明、建设民族文化强区的实际需要。

中华民族文化是多民族文化碰撞、融和、升华的结果，草原文化是中华民族文化的重要组成部分，而文化遗产则是草原文化的精粹，也是草原文化的核心内容。因此，对草原文化遗产的深入发掘与研究，对于提升草原文化在中华民族文化中的历史地位具有重要的意义。中华民族素以"声色文物之邦"著称于世，具有悠久的历史与光辉灿烂的文化。中华文化的特点首先是连绵不断，其次是多元一体，再次是具有鲜明的民族特色。世界上没有任何一个国家像中国一样，具有自旧石器时代起，历经新石器时代、青铜时代、铁器时代、历史时期直至近现代这样一个衔接完整的历史发展脉络，更没有一个国家的文化像中国的文化一样包罗万象、博大精深、源远流长，这也是中华民族之所以屹立于世界民族之林的一个重要原因。内蒙古自治区位于蒙古高原的南端，是草原丝绸之路的主干线，东西文化碰撞、交流的枢纽地带，中华民族文化以此为平台，向周边地区传播，从而推动了世界文明的发展。所以，草原文化在构建中华民族多元一体文化格局的过程中具有重要的作用，而构成草原文化核心内容的就是这些丰富多彩的草原文化遗产，这是内蒙古自治区重要的文化资源，也是建设民族文化强区强大的"软实力"。

习近平总书记指出：宣传阐释中国特色，要讲清楚每个国家和民族的历史传统、文化积淀、基本国情不同，其发展道路必然有着自己的特色；讲清楚中华文化积淀着中华民族最深沉的精神追求，是中华民族生生不息、发展壮大的丰厚滋养；讲清楚中华优秀传统文化是中华民族的突出优势，是我们最深厚的文化软实力。这是对我们国家文化遗产保护事业高屋建瓴的一个总体要求。近年来，随着内蒙古田野考古工作的深入开展，广泛分布在蒙古草原地带的一些古代城址与墓葬逐渐地被揭露与发现，不同历史时期的文物精品大量破土面世，草原文化的研究进入了一个全新的历史阶段。在新的历史条件下，为了进一步繁荣发展内蒙古自治区的文化遗产保护事业，深入弘扬草原文化，针对内蒙古自治区文化遗产的分布状况与文化特点，我们编写了这套《内蒙古文化遗产丛书》，对内蒙古自治区境内的文化遗产进行深入的发掘、研究与展示，目的就是让这些埋藏在地下的文化遗产充分地"活"起来，以期讲好中国故事，传播好中国声音，为建设内蒙古文化强区尽绵薄之力。

《内蒙古文化遗产丛书》分为《呼和浩特文化遗产》、《包头文化遗产》、《乌海文化遗产》、《赤峰文化遗产》、《通辽文化遗产》、《呼伦贝尔文化遗产》、《鄂尔多斯文化遗产》、《乌兰察布文化遗产》、《巴彦淖尔文化遗产》、《兴安文化遗产》、《锡林郭勒文化遗产》、《阿拉善文化遗产》共12卷本，根据内蒙古自治区的行政区划按盟市为单位分别编写。所介绍的内容为传统意义上的物质文化遗产，空间范围以内蒙古自治区辖境为基本覆盖范围，时间范围为旧石器时代至近现代，具体为不同历史时期遗留下来的古遗址、古墓葬及相关文物，涵盖历史、文学、艺术、语言、宗教、哲学、教育、民俗诸多方面的内容。重点以各盟市所辖范围内的全国重点文物保护单位、自治区级重点文物保护单位和市县级重点文物保护单位为主，同时包括其他未定级别的文物遗址与重要的考古发现，并配以图片及相关佐证材料，力求客观真实。

本系列丛书为内蒙古自治区"草原英才"工程项目成果之一，同时也是献给内蒙古自治区文物考古研究所建所60周年的隆重大礼。我们力求通过本系列丛书将内蒙古自治区境内的文化遗产状况全面、系统、真实地反映出来，为建设发展的内蒙古、繁荣的内蒙古、文化的内蒙古贡献自己的一份力量。囿于编者的学识与水平，本系列丛书难免有这样或那样的不足之处，敬请各位读者批评指正。

内蒙古文化遗产概论

陈永志

内蒙古自治区地域辽阔，呈东北向西南斜伸的狭长形，总面积约118.3万平方公里。在漫长的地质历史演化的过程中，形成了高山、草地、平原、盆地、沙漠戈壁等复杂的自然环境风貌。这些复杂的自然环境，同时也造就了内蒙古地区多元化的人文环境风貌。从旧石器时代的"大窑人"，到新石器时代的"红山人"，再到青铜时代的"夏家店人"，一直到后来的北狄、匈奴、鲜卑、突厥、回鹘、契丹、女真、蒙古等民族，这些草原民族经过世代繁衍生息，交往融合，形成了雄厚的历史文化积淀，造就了博大精深的草原文化遗产。对这些草原文化遗产的突出普遍价值的正确认知，是深入发掘内蒙古自治区文化资源的需要，也是建设文化强区的必要保障。

一 内蒙古物质文化遗产概况

文化遗产包括遗存与遗物两大部分，主要涉及人类社会政治、经济、文化、军事、宗教等诸多方面。遗存主要有古

锡林郭勒盟金斯太旧石器时代洞穴遗址

城市遗址、古墓葬、古建筑等，还有长城、界壕、驿道等复合型的特殊遗址；遗物主要有金银器、青铜器、碑刻、岩画、货币、雕塑、陶瓷、丝织品等。目前已初步查明内蒙古自治区有各类文物遗址点2.1万余处，全国重点文物保护单位141处，自治区级重点文物保护单位319处，盟市旗县级别的重点文物保护单位700余处。这些珍贵的文化遗存，构成了草原文明的主体，展现出草原文化发展的完整脉络。

旧石器时代是草原文化的滥觞时期，位于中国北方的内蒙古自治区同样也是人类的重要起源地之一。目前为止，在内蒙古自治区发现的旧石器时代遗址就达三十余处，其中以呼和浩特东郊发现的大窑遗址、鄂尔多斯发现的萨拉乌苏遗址、锡林郭勒发现的金斯太洞穴遗址、呼伦贝尔发现的扎赍诺尔遗址最为典型。大窑遗址位于呼和浩特市大窑村南，以发现的旧石器制造场及四道沟典型的地层剖面为重要的考古学依据。第一层为表土层，形成于全新世；第二层为马兰黄土层，形成于晚更新世晚期；第三层为淡红色土层，形成于晚更新世早期；第四层至第七层为离石黄土层，形成于更新世中期。在第四层底部发现有肿骨鹿化石，还有远古人类打制的石片、刮削器、砍砸器、石刀和石核等石制品，其时代属于旧石器时代早期，距今约50万年。鄂尔多斯萨拉乌苏旧石器时代遗址，发现于1922年，其后经过多次调查，在此地相继发现了顶骨、额骨、枕骨、股骨、胫骨、腓骨19件化石。其中有六件人骨化石是从晚更新世原生地层里发现的，学术界命名为"萨拉乌苏文化"，属于旧石器时代晚期，距今5万至3.7万年。锡林郭勒盟东

赤峰市魏家窝铺红山文化遗址发掘现场

通辽市哈民遗址清理出土的半地穴房屋基址

乌珠穆沁旗金斯太洞穴遗址，发现了旧石器时代中期晚段到青铜时代的连续地层堆积。在旧石器时代地层中发现了人类用火遗迹，出土了大量的打制石器、细石器、晚更新世晚期的动物骨骼化石等珍贵遗存。经 ^{14}C 测定，距今约3.6万年。金斯太洞穴遗址的考古发现，对北方草原地区旧石器时代中晚期现代人的起源、迁徙、旧石器时代至新石器时代转变机制等方面的研究，都具有十分重大的意义。扎赉诺尔遗址发现于1927年，先后共发现15个个体的人头骨化石及其他化石。该遗址出土有石镞、刮削器、石片、石核等细石器，刀梗、锥、镖等骨器，并出土有夹砂粗陶器残片，同时出土有猛犸象、披毛犀等动物化石，是典型的中石器时代遗址，具体时代距今一万年左右。

在内蒙古自治区共发现新石器时代遗址两千余处，这些遗址主要分布在内蒙古东南部的西辽河流域及内蒙古中南部的黄河流域及环岱海地区。以赤峰红山命名的红山文化，是这一时期草原文化的核心。在内蒙古东部地区相继发现的兴隆洼文化、赵宝沟文化、富河文化、小河沿文化等一系列草原考古学文化，使得中华民族文化呈现出"多源辐辏"、"百花齐放"的繁荣局面。西辽河流域时代最早的新石器时代文化是敖汉旗的"兴隆洼文化"，其后是位于敖汉旗的"赵宝沟文化"和以赤峰红山后遗址为代表的"红山文化"以及以巴林左旗富河沟门聚落遗址为代表的"富河文化"。在通辽市科尔沁左翼中旗发现的哈民聚落遗址，是近期在内蒙古东北地区发现的较为重要的考古发现，被定名为"哈民文化"，也属于红山文化系列。这些考古学文化早到距今约8000年，晚到距今约4000年，以之字纹筒形罐、C形玉龙、楔形石耜为主要考古学文化特点。内蒙古中南部黄河流域及环岱海地区的新石器时代文化，主要属于中原地区的仰韶文化和龙山文化序列。最早的以凉城县王墓山遗址为代表的"王墓山下类型"，其年代大约距今6000年，属于仰韶文化晚期。其后有托克托县的"海生不浪文化"、包头市的"阿善二期文化"、察哈尔右翼前旗的"庙子沟文化"、凉城县的"老虎山文化"等，以彩陶钵、小口尖底瓶、双耳罐为主要考古学文化特点。

内蒙古地区发现的青铜时代遗址有七千余处，其中以夏家店下层文化、夏家店上层文化、大口二期文化和朱开沟文化为典型。夏家店下层文化发现于老哈河及大小凌河流域，以赤峰药王庙、夏家店、蜘蛛山、大甸子遗址，范杖子墓地为典型，其后又有赤峰三座店山城遗址、二道井子聚落遗址等重要考古发现。夏家店上层文化南边老哈河流域以宁城县南山根遗址为代表，北边西拉沐沦河流域以赤峰克什克腾旗龙头山遗址为典型，时间为夏、商至春秋时期。同一时期的考古学文化在赤峰地区还有"井沟子"、"铁匠沟"、"水泉"等文化类型。内蒙古中南部的青铜时代遗址，较为典

赤峰市三座店石城遗址

赤峰市二道井子遗址考古发掘现场

型的是准格尔旗大口村的"大口二期文化"和伊金霍洛旗的"朱开沟文化"。在朱开沟文化的第五段遗存内，发现鄂尔多斯式青铜戈，从而将鄂尔多斯式青铜器的时代上限上溯到二里冈上层文化时期，也就是商代早期。经过考古发掘证明，以"鄂尔多斯式青铜器"为代表的"朱开沟文化"，是属于商周时期中国北方少数民族的文化遗存，其时代下限距今2500年左右。

秦汉、魏晋之际是中国历史上各民族走向大一统、大融合的重要历史阶段。秦汉王朝为稳定边疆统治，在内蒙古地区营建大小边疆城镇，并屯垦开发。初步统计，内蒙古地区有秦汉时期大小城镇多达四十余座，目前能够确定其地望的城址主要有以下几例：云中郡为托克托县古城村古城，沙陵县城址为托克托县哈拉板申村东古城，沙南县城址为准格尔旗十二连城域，侦陵县城址为托克托县章盖营子古城，北舆县城址为呼和浩特塔布陀罗海古城，阳原县城址为呼和浩特市郊八拜村古城，武泉县城址为卓资县三道营子村古城，五原郡治所为乌拉特前旗三顶帐房古城，临沃县城址为包头市麻池村古城，定襄郡治所成乐城为和林格尔县土城子古城，桐过县城址为清水河县上城湾古城，安陶县城址为呼和浩特市郊陶卜齐古城，武城县城址为和林格尔县榆林城古城，临戎县城址为磴口县补隆淖乡河拐子古城，窳浑县城址为磴口县沙金陶海保尔浩特古城，朔方郡治所三封县城为磴口县陶升井古城，美稷县城址为准格尔旗纳林镇古城，广衍县城址为准格尔旗瓦尔吐沟古城，沃阳县城址为凉城县双古城古城，右北平郡治所平刚县城为宁城县甸子乡黑城古城。这些秦汉时期城市遗址在魏晋南北朝时期继续沿用，成为鲜卑族南迁汉化的重要跳板。其中拓跋鲜卑南下建立的第一座都城盛乐城在今天的和林格尔县土城子古城，是内蒙古中南部最大的城市遗址，而北魏云中宫所在地就在今托克托县古城村古城。围绕着这两座古城，还分布有北魏重要的军事重镇，其中的沃野镇城址为乌拉特前旗苏独仑乡根子场古城，怀朔镇城址为固阳县城库伦古城，武川镇城址为武川旦乌兰不浪乡土城梁古城，抚冥镇城址为四子王旗库图城卜子古城，柔玄镇城址为察哈尔右翼后旗白音查干古城。目前在内蒙古地区共发现有秦汉魏晋时期的文物遗址多达三千余处，东西分布众多的城市遗址是这一特殊历史时期古代内蒙古地区多民族文化碰撞、融合、升华的实物见证。

内蒙古隋唐时期的文物遗址较少，目前初步统计有三百余处，这些文物遗迹也主要以城市遗址为主，目前能够认定其性质的主要有以下几例：隋代朔方郡长泽县城址为鄂托克前旗城川古城，榆林郡治所胜州城址为准格尔旗十二连城，富昌县城址为准格尔旗天顺圪梁古城，金河县城址为托克托县七星湖村古城，五原郡治所丰州城为乌拉特前旗东土城村古城。唐王朝为了加强对北方边疆地带的控制，实行节度使与羁縻州制度，内蒙古地区唐代的城镇多属于羁縻州府。其中振武节度使与单于都护府同驻一城，城址在今和林格尔县土城子古城，东受降城在今托克托县的大皇城古城，胜州城址在今准格尔旗十二连城古城，河滨县城址在今准格尔旗天顺圪梁古城，长泽县城

呼和浩特市和林格尔盛乐城遗址发掘清理的汉代砖室墓

呼和浩特市和林格尔汉墓壁画——庄园图

在今鄂托克前旗城川古城，白池县城址在今鄂托克前旗二道川的大池古城，天德军城址在今乌拉特前旗陈二壕古城，中受降城址在今包头市傲陶窑子古城，兰池都督府城址在今鄂托克前旗三段地乡的巴拉庙古城，饶乐都督府城址在今林西县樱桃沟古城。这些隋唐时期的城址，大部分保存完好，城内遗迹丰富，出土文物精美。

辽金元时期内蒙古地区的文物遗址最为丰富，多达1.1万余处。这些文物遗址规模宏大，种类庞杂，精品众多，在世界文明史上具有重要的历史地位。位于内蒙古东部的赤峰市辖区，历史上是辽王朝的京畿地区，契丹人的政治中心。在这一地区分布有辽上京、辽中京两大都城，还分布有辽祖陵、辽怀陵、辽庆陵三大皇族陵寝。在辽代，中国北方草原地带开始了大规模的城市建设，据《辽史》记载，辽朝有"京五、府六、州军城百五十有六、县二百有九"。目前能够确认的辽代城市遗址有两百余座，其中最为著名的上京临潢府城址在今巴林左旗林东镇，中京大定府城址在今宁城县大明城。除辽代京城以外，还有一些著名的州县城，如龙化州城址为今奈曼旗孟家段古城，永州城址为今翁牛特旗白音他拉古城，武安州城址为今敖汉旗丰收乡白塔子古城，丰州城址在今呼和浩特白塔古城，祖州城址在今巴林左旗石房子古城，庆州城址在今巴林右旗索博力嘎古城，通化州城址在今陈巴尔虎旗浩特陶海古城等。金代城址也多沿用辽代城址，其中北京路城址为今宁城县大明城，武平县城址在今敖汉旗白塔子古城，临满府路城址在今巴林左旗林东镇南古城，长泰县城址在今巴林左旗十三敖包乡古城，西京路所属丰州城址在今呼和浩特市东白塔古城，东胜州城址在今托克托县的大皇城和小皇城，宁边州城址在今清水河县下城湾古城，净州城址在今四子王旗吉生太乡城卜子古城，桓州城址在今正蓝旗四郎城古城，集宁县城址在今察哈尔右翼前旗巴彦塔拉乡土城子古城，振武镇城址在今和林格尔土城子古城，宣宁县城址在今凉城县淤泥滩古城，天成县城址为今凉城县天成村古城等。金代的城市一般年代跨度较小，规模不显，但同样也被后来的元朝沿用与开发。古代的内蒙古地区是元朝的肇兴之地，此地建有元朝的开国之都——元上都，还分布有一系列的路府州县城市，文物遗迹丰富。世界著名的元上都城址位于今正蓝旗五一牧场内，城垣面积达四平方公里之多，是当时国际性的大都会。以元上都城址为中心，元代的城市遗址可以说是星罗棋布。成吉思汗母亲月伦太后和幼弟斡赤斤在其封地内兴筑的城郭位于今鄂温克族自治旗辉苏木巴彦乌拉古城，成吉思汗二弟哈撒儿在其封地内兴筑的城郭为今额尔古纳右旗黑山头古城，汪古部兴建的德宁路古城为在今达尔罕茂明安联合旗敖伦苏

赤峰市辽代上京城皇城内清理的塔基遗址

通辽市辽陈国公主墓发掘现场

木古城，元代砂井总管府城址为今四子王旗红格尔苏木大庙古城，元代集宁路城址在今察哈尔右翼前旗巴彦塔拉乡土城子古城，净州路城址在今四子王旗吉生太乡城卜子古城，弘吉剌部在其封地内兴筑的应昌路城址为今克什克腾旗达尔罕苏木鲁王城，全宁路城址为今翁牛特旗乌丹镇西门外古城，亦乞列思部兴建的宁昌路城址在今敖汉旗五十家子村，上都路下属的桓州城址为今正蓝旗四郎城，松州城址在今赤峰市红山区西八家古城，兴和路下属的威宁县城址在今兴和县台基庙古城，丰州城址在今呼和浩特市东白塔古城，云内州城址在今托克托县西白塔古城，东胜州城址在今托克托县大皇城，红城屯田所在今和林格尔县小红城古城，大宁路城址在今宁城县大明城，高州城址在今赤峰市松山区哈拉木头古城，兀剌海路城址在今乌拉特中旗新忽热古城，亦集乃路城址为今额济纳旗黑城。这些元代城市遗址呈扇形分布在中国北方的内蒙古草原地带，构成了规模宏大而又自成体系的文化遗产景观，是草原丝绸之路上的重要城市遗址，也是内蒙古自治区文化遗产的核心所在。

二　内蒙古文化遗产资源的特色与优势

内蒙古自治区地域辽阔，多山地、草原、沙漠的自然环境特点，加之人为干扰较少，使得地上、地下文化遗存大部分得以完整地保存下来。所以，内蒙古自治区文化遗产最大的特点是保存完整、种类丰富、精品辈出。特别是近几年，内蒙古自治区重要考古发现不断出现，文化遗产保护事业成绩斐然，现已形成具有民族与地域特色的文化遗产体系，彰显内蒙古自治区文化发展的强势与巨大的潜力。

1972年，在盛乐古城南发现的小板申东汉壁画墓，发现保存完好的壁画56组，57幅，榜题250条，是目前研究东汉庄园制度最为完整的实物资料。1986年，在通辽奈曼旗青龙山发掘的辽陈国公主墓，出土三千多件（组）金、银、玉质地的珍贵文物，

赤峰市耶律羽之墓耳室墓门

赤峰市宝山辽墓壁画《寄锦图》

其中金属面具、银丝网络以及璎珞、琥珀饰件堪称辽代文物之奇珍。辽陈国公主墓的考古发掘，被评为"七五"期间全国重要考古发现。1992年，在赤峰阿鲁科尔沁旗发掘的耶律羽之墓，墓内出土了大量金银器皿及五代时期的珍贵瓷器，其中孝子图纹鎏金银壶、盘口穿带白瓷瓶最为名贵。1994年，赤峰阿鲁科尔沁旗发现一座辽代贵族墓葬，墓室内发现了大面积精美的壁画，主要有《贵妃调鹦图》、《织锦回文图》、《高逸图》、《降真图》，壁画题材丰富，对于研究辽代的绘画艺术提供了弥足珍贵的实物资料。2003年，在通辽吐尔基山再次发现一座保存完好的辽代贵族墓葬，墓内出土有精美的彩绘木棺，棺内墓主人身着十层华丽的丝织衣物，伴出有金牌饰、金耳饰、金手镯及成串铜铃等，另外还发现有鎏金铜铎、银角号、包金银马具等大批珍贵文物，显示了辽文化的繁荣与昌盛。上述三项辽代重要的考古发掘，分别被评为1992年、1994年和2003年度的"全国十大考古新发现"。

2003年，位于乌兰察布市察哈尔右翼前旗集宁路古城，发现了一处完整的市肆遗迹及四十余处器物窖藏，出土了釉里红玉壶春瓶、青花高足碗、卵白釉"枢府"铭盘、青釉龟形砚滴、青釉荷叶盖罐、月白釉香炉等珍贵瓷器三百余件，其他瓷器标本上万件。由此，集宁路古城遗址被评为2003年度"全国十大考古新发现"。另外，内蒙古文物工作者还对元上都遗址进行了大规模的考古勘探与发掘。发掘清理了御天门、大安阁、穆清阁等重要文物遗迹，真实地再现了元代皇城的宏伟规模，极大地彰

显了元上都遗址的突出价值。鉴于元上都的特殊历史地位，联合国教科文组织于2012年将其列入世界文化遗产名录——这是内蒙古自治区第一个世界文化遗产。

2009年，赤峰市二道井子夏家店下层文化遗址的考古发掘，揭露面积3500平方米，清理房屋、窖穴、灰坑、墓葬、城墙等遗迹单位近三百处，出土各类文物近千件，该遗址被评为中国社会科学院2009年度"中国六大考古新发现"和2009年度"全国十大考古新发现"。2010年，内蒙古自治区文物考古研究所在通辽市科尔沁左翼中旗舍伯吐镇哈民芒哈发现了一处距今约5500年前的大型史前聚落遗址。共清理出房址43座，墓葬6座，灰坑33座，环壕1条。出土陶器、石器、骨器、蚌器、玉器等文物近千件。特别重要的是，发现了保存完好的半地穴式房屋顶部的木质构架结构痕迹，为近年来东北地区史前考古的重大发现。哈民遗址的考古发掘由此被评为中国社会科学院2011年度"中国六大考古新发现"和2011年度"全国十大考古新发现"。

内蒙古自治区也是我国古代岩画资源最为富集的地区。在锡林郭勒盟、乌兰察布市、巴彦淖尔市、阿拉善盟、乌海市等地，发现古代岩画十万余幅，以阴山岩画、曼德拉山岩画、乌兰察布岩画、桌子山岩画最为典型，时代纵跨上万年。这些岩画以古阴山山脉为中心，东西横亘几千公里，堪称世界上最长的、内容最为丰富的古代艺术画廊。长城是集系统性、综合性、群组性于一身具有突出普遍价值的世界文化遗产，它是当今世界上保存最长、辐射面最广、影响最为深远的文化线路。在内蒙古自治区

乌兰察布市集宁路古城清理出的市肆大街遗址

境内共分布有战国燕、战国赵、战国秦、秦代、西汉、东汉、北魏、隋代、北宋、金代、西夏、明代修筑的长城。这些长城分布于全区12个盟市的76个旗县，总计长度达约7570公里，单体建筑、关堡和相关遗存总数达九千六百余处。内蒙古自治区的长城资源总量，占到了全国长城资源总量的三分之一，无论是时代之多还是体量之大，在全国16个有长城分布的省、自治区、直辖市中，都是位居第一。

与考古发现相辅相成的是一大批珍贵文物的出土。目前全区共有馆藏文物50万件（组），其中国家一级文物1790件，二级文物4050件，三级文物6545件。这些文物时代特征鲜明，民族特色浓郁，是内蒙古自治区重要的文化资源。在内蒙古赤峰地区发现的红山文化碧玉龙，堪称"中华之最"，中华文明的曙光。鄂尔多斯市霍洛柴登出土的匈奴王鹰形金冠饰、虎牛咬斗纹金带饰等珍贵文物，是匈奴贵族单于王的重要遗物。乌兰察布市发现的"虎噬鹰"格里芬金牌饰、金项圈，象征着匈奴王权的尊贵与威严。呼伦贝尔市、通辽市、乌兰察布市等地发现的"叠兽纹"、"三鹿纹"金牌饰以及其他的金冠饰、金带饰等文物，都是鲜卑贵族使用的代表性装饰品。赤峰市喀喇沁旗出土的双鱼龙纹银盘、鱼龙纹银壶、波斯银壶，是唐代"草原丝绸之路"上发现的一批重要文物。辽代陈国公主墓出土的黄金面具、龙凤形玉配饰，耶律羽之墓出土的褐釉鸡冠壶、双耳穿带瓶，吐尔基山辽墓出土的彩绘木棺、鎏金宝石镜盒以及造型各异的瓷器、金器、玉器及装饰奢华的马具等，是辽代文物的精品。元上都遗址出土的汉白玉龙纹角柱与柱础，再现了元代皇家宫城建筑的华丽与辉煌的气势。金马鞍是体现蒙古族游牧与丧葬风俗的绝品文物，具有游牧民族"四时迁徙，鞍马为家"的文化特点，又是蒙古贵族"秘葬"风俗习惯的真实反映。而八思巴字的圣旨令牌，是代表元朝皇权的典型文物，既是传达皇帝圣旨与政令的信物，也是蒙元时期军政合一的政治体制特点与国家驿站制度的综合体现。元代瓷器类文物首推青花、釉里红瓷器，其中以包头燕家梁出土的青花大罐，集宁路出土的青花梨形壶、釉里红玉壶春瓶最为珍贵。这些林林总总的文化遗产是内蒙古自治区珍贵的文化资源，是草原文明的主要实物载体，也是草原文化薪火相传的重要实物例证。

三　充分发掘草原文化遗产的重要意义

目前，内蒙古自治区文化遗产保护事业蓬勃发展，取得了累累硕果。重要的考古发现层出不穷，学术研究成果斐然，有力地保障了内蒙古自治区文化事业的健康发展。文化遗产日益成为促进经济社会和谐发展的重要因素，在弘扬中华传统文化、增

锡林郭勒盟元上都古城穆清阁遗址

强国民凝聚力和向心力、建设社会主义和谐社会等方面发挥着不可替代的重要作用。

　　首先，文化遗产的发掘研究夯实了草原文化研究的理论基础。内蒙古地区的一系列重大考古发现，极大地丰富了草原考古学文化的内涵。如通过对内蒙古呼和浩特东郊大窑旧石器遗址的考古发掘，发现属于旧石器文化的石器制造场与其他的人类遗迹，相当于北京周口店第一地点的文化面貌，将内蒙古地区人类的历史提升到了50万年；再如红山文化遗址及典型文物碧玉龙的发现，堪称中国第一缕文明的曙光。红山诸文化考古序列的确立，如同中原地区第一次从地层上明确划定了仰韶文化、龙山文化、商文化的时间序列的意义一样，将中国文明的历史从发端到发展的历史脉络勾勒得一清二楚，填补了中国考古学文化的空白，极大地完善了草原文化研究的序列与谱系。

　　其次，对文化遗产的发掘研究，关系到"两个一百年"奋斗目标和中华民族伟大复兴"中国梦"的实现，也是提高国家文化软实力、建设文化强区的时代需要。文化遗产是一个时代、一个民族文化与文明的物化遗留，是民族文化的精粹，是人们唯一能够看得到、摸得着的文化实体，具有无可比拟的感召力与影响力，也是人类社会可持续发展的重要因子。因此，文化遗产也是人类社会重要的文化资源，对其进行深入

阿拉善盟曼德拉山岩画《狩猎图》

巴彦淖尔市小佘太秦长城遗址

的发掘研究，既是对优秀民族文化的继承与认知，也是为建设文化强区提供精神动力与智力支持。所以，将丰富的文化遗产资源优势转化为强大的发展优势和发展动力，在文化建设上实现新的跨越，这也是提升国家文化软实力、建设文化强区的迫切需要。

再次，对文化遗产的发掘研究，是让文化资源惠及民众的必然要求及有效途径，也是文化大发展、大繁荣的时代需要。文化遗产是国家重要的文化资源，承载的信息量丰富，知名度高，对社会的影响巨大，是丰富人民精神世界、增强人民精神力量的重要介质。人民群众是文化遗产的所有者、鉴赏者和传承者，文化遗产保护必须依靠人民群众，文化遗产保护成果也必须惠及社会，融入社会，为民造福。文化遗产是中华民族文化的结晶，也是中华民族多元一体文化格局的实物见证。弘扬社会主义先进文化，增强全民族文化创造活力，推动文化事业全面繁荣发展，这就是我们实现文化遗产价值的现实需要，也是我们要保护、弘扬文化遗产的根本目的。

鄂尔多斯市文化遗产综述

甄自明

"鄂尔多斯"是蒙古语音译，意为"众多的宫殿"。为内蒙古自治区西南部的地级市，位于黄河"几"字型河套之内，地处鄂尔多斯高原腹地。鄂尔多斯市是呼（呼和浩特）包（包头）鄂（鄂尔多斯）城市群的中心城市之一，现辖一区七旗，分别为东胜区、达拉特旗、准格尔旗、鄂托克前旗、鄂托克旗、杭锦旗、乌审旗和伊金霍洛旗。鄂尔多斯市西南与宁夏回族自治区接壤，西北与乌海市毗邻，北与巴彦淖尔市、包头市、呼和浩特市托克托县隔河相望，东与呼和浩特市清水河县、山西省偏关县、河曲县以黄河为界，南接陕西省榆林市的府谷、神木、横山、靖边等县。总面积86752平方公里，2008年全市常住人口为159.1万人。

"鄂尔多斯"源于蒙古部落"鄂尔多斯部"。"鄂尔多斯部"是成吉思汗汗庭、以及祭祀宫帐鄂尔多的守护群体。鄂尔多斯部为来自大蒙古国各万户、千户选派出的，守护成吉思汗最忠诚的部队。这支精锐卫队，为成吉思汗四大鄂尔多服役，其后裔，世世代代继承了祖先的职业，一直聚集在成吉思汗祭祀宫帐周围，形成了守护诸多宫帐的部——鄂尔多斯。成吉思汗及其眷属相继去世以后，守护宫帐的这些人继续为主人的宫帐服务，即守护和祭祀灵帐。15世纪中叶，大批鄂尔多斯人带着成吉思汗四大鄂尔多，进入黄河宝日陶亥（河套）地区，定居在这里。因而，河套地区也随之称为鄂尔多斯[1]。

一 鄂尔多斯市自然环境概况

鄂尔多斯市所在的鄂尔多斯高原，位于阴山之大青山、乌拉山、狼山以南的黄河套中地区，西、北、东被黄河环抱，南部与陕北黄土高原接壤，地貌单元独立，海拔高度在850～2149米之间，中西部地势较高，北部与东南部地势稍低，属于典型的内陆平原，称为"鄂尔多斯高原"，东西长约400公里，南北宽约340公里。鄂尔多斯市自然地理环境的显著特点是，西北高、东南低，地形复杂。地貌类型多样，既有芳草如茵的美丽草原，又有开阔坦荡的波状高原，主要分为东部的丘陵沟壑区、西部的高原区、北部的库布其沙漠区、南部的毛乌素沙漠区、中部的波状高原区和北部黄河南岸的平原区。鄂尔多斯地形由南北分别向中部隆起，隆起部位在东胜区与杭锦旗四十里梁一带，海拔高度在1400～1700米之间；地形以其为中心，向四周逐渐降低，中部隆起脊线同时又是南北分水岭。鄂尔多斯境内虽无山脉，但相对高差较大，最高处在西部桌子山主峰乌仁都西峰，海拔高度2149米；最低处在东部准格尔旗龙口镇，海拔高度850米。

鄂尔多斯地区属典型的温带大陆性气候。四季分明，无霜期短；日照丰富，太阳辐射强烈。年平均气温为5.3～5.7℃之间，分布特点是：中部低，四周偏高。最冷月1月平均气温为−11℃，最热月7月平均气温为21℃～25℃。全市平均无霜期大部分地区在150天以下。东部地区降水量为300～400毫米，西部地区降水量为190～350毫米，全年降水集中在7～9月。蒸发量大，年蒸发量为2000～3000毫米。全年多盛行西风及北偏西风，年平均风速3.6米/秒，最大风速可达22米/秒。

鄂尔多斯生物资源丰富，国家重点保护的珍稀濒危植物有四合木、半日花、沙冬青等7种；羊绒、羊毛资源富足。鄂尔多斯矿产资源丰富，截止2007年，已探明煤炭储量1496亿吨，约占全国总储量的六分之一，内蒙古自治区的二分之一。已探明天然气储量约1880亿立方米，约占全国总储量的三分之一；稀土、高岭土等资源丰富。

二 鄂尔多斯市历史简述

远古时期的鄂尔多斯，以它奇迹般的海陆变迁、丰富多彩的演化发展而闻名于世。距今约36亿年前，地球刚诞生不久，鄂尔多斯便是地球上最原始的古陆之一，地质史上称之为"鄂尔多斯古陆"。经过多次地壳运动，距今约6亿年前，鄂尔多斯古陆下沉，海水扬波，形成著名的"鄂尔多斯古海"。后由于造山运动的影响，海水退出了鄂尔多斯，古陆再次隆起，在距今约1亿年前，逐步形成了鄂尔多斯盆地的雏形。随着地势的不断崛起，直至距今1万年前，形成现在宏伟起伏的鄂尔多斯高原[2]。

伴随着鄂尔多斯的地质发育史，是鄂尔多斯远古生命由海生到陆生、由低等到高等的演化进程，是一部绚丽多彩的生命发展史。在距今2.25～0.7亿年前的中生代，鄂尔多斯成为爬行动物的世界、恐龙家族的王国。在鄂尔多斯中、西部地区发现了大量恐龙化石以及足迹、尾迹印痕化石，其中包括以发现地命名的"萨茹拉鄂托克龙"、"伊克昭龙"和"洛克雷查布龙"等[3]。

鄂尔多斯高原南端正好是年降水量400毫米上下的分界线，是我国牧区和农区的分界线[4]。自古以来，鄂尔多斯高原就是北方草原民族的游牧天堂，而鄂尔多斯高原以南地区是中原农耕王朝的粮食产区，两种不同的生产生活方式、北方少数民族和中原汉族迥异的文化和习俗在这里碰撞、交融，甚至由于政治、军事的原因在这里冲突、战争。由于游牧经济和农耕经济的相互交融的多样性经济、贸易需求，北方草原民族和中原农耕民族在政治、文化上的相互吸引和交融，使鄂尔多斯高原成为多民族融合和经济交流的重要区域。鄂尔多斯地区的历史文化底蕴深厚，文化遗产丰富，并且极具地方特色和民族特色。

（一）旧石器时代

在进入人类文明史的发展阶段后，鄂尔多斯以它古老灿烂的历史文化而享有盛誉。迄今为止，鄂尔多斯最早的古人类文化遗存是属于旧石器时代、发现于乌审旗的萨拉乌苏遗址，在1922年由法国地质古生物学家桑志华发现，时代为距今14～7万年[5]，地质上的萨拉乌苏大剖面成为我国晚更新世的典型地层。遗址出土了包括几百件小型刮削器、尖状器在内的石制品，因其独具特色而被命名为"萨拉乌苏文化"，成为我国华北旧石器时代两大文化传统——"匼河-丁村系"大三棱尖状器文化传统与"周口店第1地点-峙峪系"小石器文化传统中，后者的重要组成部分。遗址出土了包括披毛犀、王氏水牛、河套大角鹿等几十种已经灭绝的古动物化石[6]，古生物界命名为"萨拉乌苏动物群"，成为中国更新世三大动物群——早更新世"泥河湾动物群"、中更新世"周口店动物群"和晚更新世"萨拉乌苏动物群"中的经典动物群而永载史册、闻名中外。特别是遗址出土了著名的"鄂尔多斯人牙齿"，掀开亚洲古人类史研究的帷幕，成为探秘远古时期中西文化交往史的代表性遗址。

2010年，在康巴什新区乌兰木伦河畔，发现了距今约7～3万年的乌兰木伦遗址[7]。地层为呈灰绿色的河湖相三角洲沉积。至2012年底，乌兰木伦遗址共出土13000多件石制品和15000多件古动物化石[8]。其石料来源丰富而充足，是一种以发达的锯齿刃器和凹缺器为代表的小石器文化。出土了披毛犀、河套大角鹿、普氏野马、诺氏驼等古生物化石，属于"萨拉乌苏动物群"[9]。乌兰木伦遗址的发现，是内蒙继古萨拉乌苏遗址、大窑遗址、金斯泰洞穴遗址、扎赉诺尔遗址等旧石器时代遗址后的又一处重要新发现，为中国旧石器时代中期考古研究增添了新鲜而丰富的内容。乌兰木伦遗址遗物分布密集、地质地貌特殊、文化信息独特，在2012年"中国社会科学院考古学论坛"上，"乌兰木伦旧石器时代遗址"被评选为2011年度"中国六大考古新发现"。

（二）新石器时代

进入新石器时代后，距今约6500年前的阳湾遗址，成为鄂尔多斯地区迄今所知时代最早的新石器时代古人类遗存，出现了使用陶质内墙砖镶嵌技术、"木骨泥墙"式的"半地穴式建筑"。坟塌墓地成为鄂尔多斯已知最早的原始社会氏族墓地。喇叭口尖底酉瓶，是距今5500～5000年前"海生不浪文化"时期，生活在鄂尔多斯地区的古人类大量使用的一种器皿，由于它的整体形态与商代甲骨文"酉"字的形态十分接近，表明在这个时代，中国最早的象形文字开始产生。寨子圪旦遗址坚固的石筑围墙以及高高在上的祭坛[10]，成为中国北方地区迄今为止发现的时代最早的拥有石筑围墙的遗址。龙山文化时期，距今5000～4200年的永兴店遗址先民，创造并使用了中国历史上最早的陶鬲——陶斝式大袋足鬲，最终成为以鼎、鬲为代表的古代中华文明的重要核心之一。龙山时代晚期，鄂尔多斯出现了独具地方特色的"朱开沟文化"。

（三）青铜时代

距今4200～3500年前的朱开沟遗址[11]，其陶器群以发达的三足器而著称；以"花边鬲"、"蛇纹鬲"、"三足瓮"、"带纽罐"等器物构成的特有组合，地域鲜明且独具特色。遗址出土的青铜刀、剑，代表着鄂尔多斯地区青铜时代的来临，开启了鄂尔多斯青铜器最早的滥觞。以该遗址为代表的"朱开沟文化"是中国古代北方文明起源多样性的一个新起点，表明鄂尔多斯是北方草原文明的重要发祥地之一。

据记载，商王武丁曾命其妃子——妇辛（即妇好）率兵13000人征讨羌方，战胜了羌方。战争进行了三年，《诗经》以"自彼氐、羌，莫敢来王"的诗句记载了这件发生在鄂尔多斯的商代重要历史事件[12]。桃红巴拉、西沟畔、阿鲁柴登、玉隆太、速机沟等墓地[13]出土了大量具有草原文化典型动物纹特色的青铜器和金银器，形成了独具特色的"鄂尔多斯青铜器"文化。其中金银器中最著名的就是鹰形金冠，为我国唯一的"胡冠"实物，属于国宝级文物。

周元王元年（公元前475年），我国进入七雄争霸的战国时代，当时的鄂尔多斯成为赵、魏、秦、林胡、楼烦、义渠、匈奴争夺的肥沃牧场和战略要地。赵武灵王"胡服骑射"，"西略胡地，至榆中"，将臣服的林胡和楼烦安置在今鄂尔多斯境内。秦昭襄王计杀义渠王，然后对义渠展开征讨并修筑了战国秦长城[14]。战国秦长城主要分布于今伊金霍洛旗、准格尔旗、达拉特旗、东胜区，全长近100公里，沿线分布有烽燧近20座，构筑方式有石块垒砌、毛石干垒、石块堆积、土夯筑四种。

（四）秦汉时期

公元前221年，秦始皇统一六国，建立了中央集权的封建帝国。秦始皇三十二年（公元前215年），派大将蒙恬率兵三十万北击匈奴，顺利占领了鄂尔多斯地区。公元前214年，蒙恬率兵将匈奴赶往阴山以北后，迫使匈奴向北退却了700余里，拥兵坐镇上郡，"胡人不敢南下而牧马"，"士不敢弯弓而抱怨"。"因河为塞，筑四十四县"，在鄂尔多斯西南设有北地郡，东北设有云中郡，北部设有九原郡，东南设有上郡，鄂尔多斯归入秦朝版图。

秦始皇把原来战国时代燕、赵和秦三国修筑的长城连接起来，筑成秦代"万里长城"，形成一道防御匈奴南下的屏障。今鄂托克旗和达拉特旗的秦长城为其一部分，全长近40公里。其中鄂托克旗秦长城，全长约30公里，沿线分布有烽燧3座，墙体均为石块垒砌或石块堆积而成，分布于阿尔巴斯苏木桌子山一带，从巴音温都尔山脚向西蜿蜒至山顶，然后向下延伸至苏白音沟沟谷，沿沟谷一直向西延伸至乌海境内。达拉特旗秦长城，全长约10公里，均为夯筑土墙，由东向西分布于新民堡、王爱召和释尼召。

在秦始皇时期，为了边防需要，还修建了一条从都城通往北部边疆的交通要道，它自关中云阳经鄂尔多斯向北直通九原，"堑山湮谷，直通之"，就是著名的"直道"[15]。"秦直道"穿越今14个旗县，全长1800里，从秦朝的心脏地区，直抵北方边塞，纵贯鄂尔多斯南北，是世界历史上的"第一条高速公路"。在今鄂尔多斯市南起伊金霍洛旗的掌岗图四队，北至达拉特旗高头窑乡吴四圪堵村，其中在伊金霍洛旗境内长约75公里；在东胜区境内的秦直道保存较好，长约20公里；在达拉特旗境内长约30公里。

汉武帝时期，出现了"天下殷富，财力有余，士马强盛"的繁荣局面，遂对匈奴进行了几十年的战争，其中最重要的就是派大将卫青收复鄂尔多斯的河南战役，是西汉向匈奴发起的第一次战略性进攻。汉宣帝甘露三年（公元前51年），匈奴呼韩邪单于归附西汉。汉朝曾派专使至五原郡迎接，并在长安经河套的朔方、西河、上郡等地沿途陈兵，以示宠卫。呼韩邪单于多次往返于大漠与长安之间，鄂尔多斯是必经之地。汉元帝时，将宫女王嫱（王昭君）嫁与呼韩邪单于为阏氏，元帝竟宁元年（公元前33年），王昭君随呼韩邪单于出塞，经由现在的陕北、鄂尔多斯，渡黄河北行进入大漠[16]，从此，汉匈之间结束了一百多年的战争局面。东汉光武帝建武二十四年（48年），匈奴分裂为南北两部，南匈奴归附于汉，其部众四五万人入居塞内，南匈奴的单于庭帐就设在西河郡美稷县，即今准格尔旗的纳林城址。

鄂尔多斯地区汉代城址中，经考证，能与文献记载对应并确认的城址有5座，其中杭锦旗霍洛柴登城址经考证为西河郡郡址，伊金霍洛旗红庆河城址为西河郡虎猛县城，准格尔旗十二连城城址为云中郡沙南县城，准格尔旗勿尔图沟城址为西河郡广衍县城，准格尔旗纳林城址为西河郡美稷县城等[17]。

（五）魏晋北朝时期

鄂尔多斯地区成为北方、西北民族南下东进中原的通道，"杂胡"聚集，史称"羌胡地"。前赵、后赵、前秦、后秦都曾占据这里。铁弗匈奴建立大夏政权后，赫连夏凤翔元年（413年），赫连勃勃驱使十万人在朔方水（今无定河）北、黑水（一说为今纳林河）之南营建大夏国都，取统一天下，君临万方之意，将都城定名为统万城。据史料记载：统万城历时7年建成，规模十分宏伟。统万城修建异常坚固，虽经1500年风雨侵蚀，依然巍峨挺立，雄踞北国。现在城垣的高度从2米至10米不等。四城角各有角楼，西南角楼保存最好，现今仍高达30米，城墙外部设有防御性的马面建筑。该城为鄂尔多斯高原上唯一的古代都城[18]。

（六）隋唐五代时期

581年，隋朝建立后，为抵御突厥的入侵，开始不断修筑长城。史载，隋朝修筑长城共有七次，在辽宁、山西、陕西、内蒙古、宁夏都修筑过长城。今鄂尔多斯南部鄂托克前旗隋长城属于隋朝第三次修筑的长城。隋文帝开皇五年（585年），派遣司农少卿崔仲方领兵三万，到朔方、灵武筑长城，西拒黄河，东至绥州。崔仲方所筑长城在今鄂尔多斯南部及周围地区，该长城西起北流黄河东岸的灵武（今宁夏灵武市），东到南流黄河的绥州（今陕西绥德县），自西向东横亘河套南部[19]。全长约300多公里。隋长城存世较少，由西向东穿过今鄂托克前旗东南部、宁夏自治区灵武市、盐池县和陕西省绥德县、神木县。鄂托克前旗隋长城，全长20余公里。由西向东分布于上海庙镇特布德嘎查十三里套小队、宝日岱小队和四十堡小队。墙体为堆筑土墙，泛白色或泛红色，呈鱼脊状突起或土垅状，墙体底宽2~6、高0.3~1米。

唐初10万突厥人降唐，被安置在鄂尔多斯南部。唐朝在鄂尔多斯设置了夏、宥、盐、灵、丰、胜等州，还设立了总管府、都督府和节度使，对归附入居的少数民族实行羁縻府州政策[20]。"六胡州"是唐初为安置突厥降户，主要是昭武九姓的粟特人，在灵州、夏州之间设置的鲁州、丽州、含州、塞州、依州、契州等的总称。粟特人是原居住于中亚的古代民族，活跃在丝绸之路上的商业民族，突厥兴起后，由于突厥对粟特地区的占领，粟特人大量进入突厥部落，因而唐初为安置突厥降户，在鄂尔多斯地区所设立的"六胡州"中，其主要居民就是粟特人[21]。"六胡州"中鲁州、丽州、塞州的治城分别为今鄂托克前旗的查干巴拉城址、巴郎庙城址、呼和淖尔城址，含州、依州、契州的治城分别为今鄂托克旗的哈达图城址、敖伦淖尔城址及今乌审旗呼和淖尔城址。兰池都督府治城为今鄂托克前旗敖勒召其镇的巴格陶利城址。

（七）宋辽夏金元时期

宋辽夏金元时期是鄂尔多斯地区占据民族最繁多、战争最频繁、历史最复杂、社会变化最剧烈的年代，是西夏、宋、辽、金、蒙古等王朝进行激烈争夺和走向统一的时期。

党项族是古老羌族的一支，拓跋部是党项族中较大的部落。756年"安史之乱"后，唐代宗将居于庆州（今甘肃庆阳）的拓跋朝光所率的党项部众迁往银州（今陕西榆林东南）以北、夏州以东地区，即鄂尔多斯的东南部，号称平夏部。唐僖宗时，曾封平夏部首领拓跋思恭为夏州节度使，中和元年（881年），黄巢攻占长安，拓跋思恭会同唐军镇压起义军，被封为夏绥银节度使。中和三年（883年），拓跋思恭因镇压黄巢起义中，有功于唐，被封为夏国公，赐姓李。从此夏州拓跋氏称为李氏，统辖夏、绥、银、宥四州之地。平夏部在包括鄂尔多斯南部地区在内的夏州一带逐步发展成割据势力。1038年李元昊称帝，建立西夏王朝。

在鄂尔多斯市已发现有众多西夏遗迹，八个旗区中均发现了西夏遗址、城址或墓葬，其中鄂托克前旗发现的西夏遗址25处，城址6处，反映了鄂托克前旗临近中兴府（银川），处于西夏的心脏地带，故而西夏遗存较多。而在准格尔旗、伊金霍洛旗、东胜区、杭锦旗、乌审旗均发现有西夏窖藏，尤以伊旗最多，共有6处窖藏。窖藏是地窖内贮存或埋藏财物的遗存，多藏有珍贵的瓷器、钱币和金属工具等贵重物品。这些旗区窖藏发现较多，反映了当时鄂尔多斯高原西夏与宋、辽长年累月的战争状况。在鄂尔多斯高原众多西夏窖藏中出土了铁制农具、铁制炊具、铁钱、酱釉瓷器、黑釉剔花瓷器等典型西夏遗物。

916年，辽占领胜州城（今准格尔旗十二连城），将居民移到河东居住。辽对宋朝作战时，为避免两线作战，一直与西夏保持着友好关系，1004年，宋辽订立了"澶渊之盟"后，辽夏间因争夺鄂尔多斯北部的部众，导致了1044年的辽夏大战，辽兴宗亲自统帅10万骑兵出金肃城（今准格尔旗北），分兵三路进攻西夏。李元昊使用缓兵之计，大败辽军。后辽兴宗再度兵分三路向西夏用兵，其中南路军遭到西夏军的猛烈攻击，伤亡惨重。两次夏辽大战，战场在鄂尔多斯腹地，带来了严重的经济和生态破坏。

西夏从1040年至1042年，连续向宋大举进攻，先后在延、麟、府、丰等州大破宋军。1043年夏宋议和，西夏向宋"称臣"，宋册封李元昊为夏国主。宋神宗元丰四年（1081年），宋朝发五路大军50万人进攻西夏，结果失败。1082年，宋朝在鄂尔多斯南无定河南岸修筑永乐城，对西夏银、夏、宥一带威胁很大，当年，夏以倾国之师号称30万攻陷永乐城，宋军大败。此后，西夏因连年征战国力不支，再一次与宋和议。

位于今准格尔旗南部的宋丰州属地，是西夏与宋争夺的战略要地。丰州之名，源于辽丰州天德军。丰州地方本是河西藏才族聚居地，其首领曾由契丹授予左千牛卫将军。宋开宝二年（969年）归附宋王朝，藏才族首领王承美被宋朝任命为丰州衙内指挥使，开始兴筑丰州城，30年后，丰州城才筑成。1004年宋朝升任王承美为丰州刺史。1041年，西夏攻陷丰州，丰州归入西夏版图。1061年，宋朝趁西夏政局不稳，出兵收复丰州，修复丰州城垣，并新筑了保宁砦和永安砦，以及多处烽堠（烽燧）。北宋末年，西夏与金相约攻宋，1129年，丰州划入金王朝版图。1146年，金将丰州赐予西夏。在蒙古灭亡西夏后，丰州再未建制[22]。在今准格尔旗纳日松镇，分布有宋代的丰州城，以及永安砦和保宁砦，在三座古城西、北，由南向北从羊市塔村，经松树墕村、川掌村，至四道敖包村、五字湾村，分布着一条宋代烽燧线，沿线有烽燧20余座，均呈圆锥形，由黄土夯筑而成。这些古城和烽燧见证了西夏与北宋对准格尔旗东南部的争夺。

1206年成吉思汗建立蒙古汗国。1226年，成吉思汗亲自统兵10万经过鄂尔多斯进攻西夏，形成了对西夏中兴府的两线夹击。1227年，蒙古军队进占中兴府，灭亡西夏。成吉思汗率军征西夏时，在鄂尔多斯留下了成吉思汗陵、阿尔寨石窟、苏里格敖包三处重要遗迹。

成吉思汗陵。"梅花鹿儿栖身之所，戴胜鸟儿育雏之乡，衰落王朝振兴之地，白发老翁享乐之邦"，这是成吉思汗路过鄂尔多斯所作的词句。据《蒙古源流》和《蒙古黄金史》记载，1226年，成吉思汗率军征战西夏时，路过鄂尔多斯，他目睹这里水草丰美，花鹿出没，是一块风水宝地，心里特别高兴，留恋之际，失手将马鞭掉在地上，成吉思汗自语道出这首词句，感慨之余，成吉思汗对左右吩咐道："我死后可葬于此处"[23]。八百年来，成吉思汗陵（八白宫）辗转大漠南北，最后座落于鄂尔多斯的伊金霍洛（意为圣祖的院落）。

阿尔寨石窟。据考证，1226年，64岁的成吉思汗亲率大军第六次进攻西夏期间，冬季在阿尔巴斯打猎，骑着一匹红沙马为野马所惊，成吉思汗落马跌伤，就在众窟汇聚之地——阿尔寨石窟养伤[24]。

苏里格敖包。成吉思汗进军西夏时，从鄂托克旗阿尔寨石窟寺出发西征，行军途中，发现四湖环绕着一处山包，登上山顶，成吉思汗非常高兴，命令大军驻扎后，于此举行苏勒德威猛大祭，杀九九八十一只羊用以祭祀，羊肉长时间不熟，成吉思汗赐名"苏里格"，意为"半生不熟的肉"[25]，于是这里就有了苏里格敖包，后兴建苏里格庙，祭祀至今。

元代，鄂尔多斯部分地区成为陕西行省、甘肃行省的辖区，大部分地区为皇家封地，还是元朝官办的14个牧场之一。仅次于行省的察汗脑儿宣慰司，是当时鄂尔多斯地区政治、经济、军事最高权力机构。据专家考证，乌审旗的三岔河城址应为元代由安西王阿难达所建的察汗脑儿故城，设察汗脑儿宣慰司。

（八）明清时期

明朝建立以后，漠北草原的蒙古鞑靼、瓦剌诸部、以及东北地区的女真族不断威胁边境的安全。为巩固北部边防，明朝几乎没有停止过对长城的修筑工程。明代长城的修建过程，大体可以分为三个阶段，鄂尔多斯明长城均为第二阶段修筑。"土木之变"以后，瓦剌、鞑靼不断兴兵南下，迫使明王朝百余年间建成九座长城重镇，分别是延绥镇（榆林镇）、固原镇、甘肃镇、宁夏镇、大同镇、宣府镇、山西镇、蓟镇、辽东镇，史称"九边重镇"。准格尔旗明长城属于延绥镇，鄂托克前旗和鄂托克旗的明长城属于宁夏镇。

由于军粮运输的困难和防守的艰难，明宪宗成化九年（1473年），明朝政府逐渐退出了在河套地区鄂尔多斯高原的军事和政治存在，转而开始修筑长城来防御蒙古军民的南下，这就是历史上说的"弃套"，这样，就在今鄂托克前旗修筑了宁夏镇河东边墙。鄂托克前旗明长城分为二道边和头道边，同属宁夏镇河东边墙。二道边墙大体在北，为明宪宗成化年间，巡抚宁夏都御史徐廷章修筑，保存较差；明孝宗弘治十至十四年（1497~1501年），宁夏巡抚张桢叔、王珣先后于墙外添挖陷马坑四万四千多眼，以防骑兵逼近；明武宗正德元年（1506年），三边总制杨一清予以加固，边墙上加修暖铺，便于士兵休息。头道边大体在南，为明世宗嘉靖年间三边总制王琼、唐龙、王宪修筑，称"深沟高垒"[26]，保存较好，是内蒙古自治区与宁夏回族自治区的界线。

明长城在鄂尔多斯分布于鄂托克旗、准格尔旗、鄂托克前旗，全长90余公里。鄂托克旗阿尔巴斯苏木有明代烽火台分布。准格尔旗龙口镇竹里台分布有明长城1公里，边墙附近建有烽火台和敌台。鄂托克前旗明长城东自宁夏吴忠市进入该旗上海庙镇特布德嘎查南部，西行经二套子村西、布拉格苏木上水坑村南、刺湾村南、芒哈图村南、小滩子村西，然后向西进入宁夏银川市。方向西偏北24°。鄂托克前旗明长城包括头道边和二道边两道边墙。

顺治六年(1649年)，清朝将蒙古族鄂尔多斯部分为六个旗：左翼中旗(原郡王旗)，左翼前旗(现准格尔旗)，左翼后旗(现达拉特旗)，右翼中旗(现鄂托克旗)，右翼前旗(现乌审旗)，右翼后旗(现杭锦旗)；六旗设立之初，左翼中旗是宗主旗。后增设鄂尔多斯右翼前末旗(原札萨克旗)。光绪三十三年(1907年)清王朝在左翼中旗东部被开垦的地区设东胜厅。清政府在蒙古地区实行盟旗制度，鄂尔多斯七旗会盟于"伊克昭"（蒙语，大庙之意），遗址是今达拉特旗的王爱召，故鄂尔多斯市原名为"伊克昭盟"。

蒙古贵族额璘臣被清廷封为多罗郡王，并任伊克昭盟第一任盟长，其封地为鄂尔多斯左翼中旗，俗称"郡王旗"。从额璘臣任郡王旗第一任札萨克（即王爷）以来，各旗世袭札萨克职位的历十六代，由于历代王爷的世袭更替，其王府亦不断迁徙。光绪二十八年（1902年），第十四代札萨克特克斯阿拉坦呼雅克图袭位后，王府正式迁至现伊金霍洛旗郡王府所在地，其住所为半砖木结构的九间正房和六间土建平房，并用沙柳扎围做院。民国十七年（1928年）该旗第十五代札萨克图布升吉尔格勒多罗郡王，开始对郡王府翻新建设，到民国二十五年（1936年）完工，整个工程耗资13800余银元，相当于该旗一年半的财政收入。伊金霍洛旗郡王府是鄂尔多斯市境内唯一保存完整的王府。

从1828年至清朝灭亡，蒙古族民众举起"独贵龙"旗帜，展开了艰苦卓绝的反封建压迫、反帝国主义侵略的斗争。

（九）近现代

民国时期，鄂尔多斯地区继续实行盟旗制度，蒙古封建王公的世袭统治仍旧延续。20世纪初，鄂尔多斯七旗王公反对外蒙古库伦分裂势力的"独立"活动，赞同"共和"，维护了国家的统一。民国政府实行的"移民开垦"政策，特别是陈长捷强行"军垦"，导致了抗垦的"三二六事变"。"独贵龙"抗垦和反封建压迫斗争风起云涌。"独贵龙"为蒙古语，意为环形圆圈，是蒙古族群众近代反帝反封建的一种形式，参加者将名字呈环形地写在名簿上，分不出谁是带头者[27]。乌审旗独贵龙运动旧址，曾是"独贵龙"运动的总部和重要根据地，运动著名领袖——席尼喇嘛1919年被捕后，曾在此遭到封建王公及反动势力惨无人道的严刑拷打；1925年，席尼喇嘛当选为中央执委，1926年，组建内蒙古人民革命军十二团，任团长，总指挥部即设于此。

1949年，伊克昭盟解放，伊克昭盟自治政务委员会宣告成立，行政区划大致仍以长城和黄河为盟境四周界线，一直沿袭至今，原伊克昭盟行政公署设在东胜市。今天，伊克昭盟行政公署办公楼已作为自治区级重点文物保护单位，由鄂尔多斯革命历史博物馆展示、维护和使用。2001年2月26日，国务院批准撤销伊克昭盟和县级东胜市，设立地级鄂尔多斯市和东胜区。鄂尔多斯经济、政治、文化各项事业进入快速发展时期。

三 鄂尔多斯市文物考古事业的发展

鄂尔多斯文物考古事业经历了起步、成长、发展、壮大、繁荣这样一个发展过程。

1922~1962年，该阶段是鄂尔多斯文物考古事业的开创时期。鄂尔多斯地区最早的考古活动是法国专家在上世纪20年代发现和研究河套人，1922年，法国天主教神父、博物馆学、地质古生物学家桑志华发现了萨拉乌苏遗址，1923年研究并命名了"the ordos Tooth"（鄂尔多斯人牙齿）。这是中国境内发现的第一件有准确出土地点和地层的人类化石。这个重大发现，正式拉开了中国乃至亚洲古人类学、旧石器时代考古学研究的帷幕，成为鄂尔多斯近现代文物考古研究工作的开端。1928年，由世界著名旧石器考古学专家布日耶、布勒、德日进、桑志华主编的中国第一部旧石器时代考古学研究报告《中国旧石器时代》问世。20世纪三四十年代，我国著名旧石器考古学家裴文中先生，首先使用了"河套文化"和"河套人"这两个中文名词，在学术界引起了轰动，裴文中先生也曾一度以中国猿人文化、河套文化和山顶洞人文化，作为中国旧石器时代早、中、晚三个不同发展阶段的标尺，构建了中国旧石器时代考古学文化的分期基础。1956年，汪宇平先生赴萨拉乌苏流域考察，发现古人类头盖骨、股骨化石各一件，是我国文物工作者在该遗址的首次重要收获。另一项重要文物工作就是建设成吉思汗陵园。在抗日战争时期，为了避开战乱而迁到青海省塔尔寺、阔别十五年之久的成吉思汗陵柩，于1954年4月23日，回到伊金霍洛，安放大祭及新陵奠基仪式同时进行。1956年5月15日，在成吉思汗新陵举行了隆重的落成典礼和盛大的祭奠活动。

1963～1978年，该阶段文物工作机构建设逐渐开始。1963年，伊克昭盟文物工作站建立，是内蒙古西部地区最早建立的盟市级文物机构。该阶段主要的考古工作有：1972年，阿鲁柴登墓地匈奴鹰形金冠的发现，是本地区一次性出土文物数量最多、级别最高的珍贵文化遗存。1973年，桃红巴拉墓葬和大口遗址的发掘。1974年，田广金先生带队发现了秦直道，1975年，史念海先生的《秦始皇直道遗迹的探索》发表，首次把这一世界最浩瀚道路工程披露在世人面前。1977年，朱开沟遗址的发现，开启了鄂尔多斯乃至内蒙古中南部地区夏、商时期考古学研究的新纪元。

1979～2000年，1979年，伊克昭盟文物工作迎来了大发展的时期，扩大了业务队伍，开辟了独立的办公场所，文物事业正式迈上了规范化的发展轨道。这个时期，伊克昭盟所有旗县均成立了文物保护管理机构。1984年5月，伊克昭盟第一个旗级文物保护管理机构——准格尔旗文物馆成立。1987年，伊金霍洛旗、杭锦旗、乌审旗和鄂托克旗的文物保护管理所相继成立。1988年，东胜县、达拉特旗文物保护管理所陆续成立。1989年，鄂托克前旗文物保护管理所成立。该阶段，文物干部的培养也取得重大进展，1982年，伊克昭盟文物站委派6名年轻的业务人员，赴呼和浩特市参加内蒙古自治区文化厅举办的全区文物干部培训班。他们日后均成为鄂尔多斯文物事业的中坚力量。1983年，由伊克昭盟文物站举办"伊克昭盟第一届文物普查培训班"，培训结束后，他们立即开赴准格尔旗，伊克昭盟第二次全国文物普查正式拉开帷幕。该阶段的考古成果丰硕，1979年，西沟畔墓葬的发掘，推动了鄂尔多斯青铜器的深入研究，特别是金"凤冠"等，均为稀世罕见的国宝级文物。1979年著名历史地理学家史念海先生，在田广金先生陪同下，对战国秦长城进行了调查。1984年，朱开沟遗址的发掘是该阶段最重要、最有价值的考古工作；在1984年8月召开的《内蒙古西部区原始文化座谈会》上，苏秉琦、俞伟超、张忠培、严文明、刘观民等国内考古学者，对朱开沟遗址的文化内涵和重要性等给予了极高的评价，"朱开沟文化"的命名随之产生。1988～1992年，进行了三段地汉墓和凤凰山汉墓的考古发掘工作。1989年，历时八年之久的伊克昭盟第二次全国文物普查工作（鄂尔多斯市首次文物普查）完成，基本摸清了全盟境内不同历史时期的文物分布情况。1983年1月，鄂尔多斯博物馆正式挂牌成立，鄂尔多斯没有博物馆的历史宣告结束；1989年9月，鄂尔多斯博物馆举行开馆剪彩仪式，鄂尔多斯第一个古代史通史陈列——《鄂尔多斯通史陈列》，正式向社会开放。1999年，查布恐龙博物馆在鄂托克旗查布苏木挂牌成立，是国内第一座乡（苏木）级博物馆。该阶段出版的重要文物论著有：1981年的《鄂尔多斯文物考古文集》。1984年的《鄂尔多斯式青铜器》。1992年的《成吉思汗研究文集》。2000年的《朱开沟——青铜时代早期遗址发掘报告》和《鄂尔多斯草原文化》。1990年，伊克昭盟第一部文物志——《鄂托克旗文物志》问世。1998年《准格尔旗文物志》出版。

2001~2010年，2001年，随着国家批准撤销伊克昭盟、设立地级鄂尔多斯市，文物考古事业进入了茁壮成长新时期。文博人才培养获得重大突破，2005年和2006年，鄂尔多斯市政府委托内蒙古大学人文学院举办"文博专业本科班"和"文博专业提高班"各一届。现在，他们已经成为鄂尔多斯各文博单位的骨干力量。该阶段的主要特色是一些大型考古项目的实施和完成，主要有以下几项工作。

长城资源调查工作。2007年，鄂尔多斯市全国长城资源调查工作正式启动。鄂尔多斯长城调查队对历代长城进行了全面、详细的调查。当年，对鄂托克前旗明长城进行调查；2008年，发现和确认了鄂托克前旗隋长城；2009年，在完成战国、秦长城调查的基础上，新发现了准格尔旗宋代烽燧线。截止2010年底，鄂尔多斯历代长城野外调查工作已经圆满完成。目前，《内蒙古自治区长城资源调查报告·明长城卷》已出版，《内蒙古自治区长城资源调查报告·鄂尔多斯-乌海卷》即将出版；这些成果的出版必然将鄂尔多斯长城的宣传、研究工作推向一个新高度、新阶段。

"三普"工作。2007年，鄂尔多斯市第三次全国文物普查工作全面启动，8月全市选派20多人参加了自治区"三普"培训班。2008年，市文化局举办了"三普"培训班，80多名普查队员和相关业务人员参加。2009年，乌审旗率先完成"三普"田野调查工作，并顺利通过验收。2010年3月，全市各旗区陆续完成田野调查阶段工作并通过验收。鄂尔多斯"三普"田野调查工作覆盖全市50个乡镇，共调查遗迹近957处。《鄂尔多斯市第三次全国文物普查新发现》、《鄂尔多斯市第三次全国文物普查工作报告》等成果已经出版。至此，鄂尔多斯市完成了"三普"计划任务，取得了阶段性成果。

鄂尔多斯市寺院、敖包调查。2007年，鄂尔多斯青铜器博物馆成立寺院、敖包田野调查组，对全市寺院、敖包遗址进行调查。2013年完成野外调查工作。

乌兰木伦遗址的发现。2010年5月25日，蒙古族古生物化石爱好者古日扎布，在康巴什新区景观河段，发现了乌兰木伦遗址。

该阶段，博物馆建设获得突飞猛进的发展。2006年5月，鄂尔多斯博物馆新馆在康巴什新区破土动工。2006年，鄂托克旗野外地质遗迹博物馆成立，为内蒙古第一个野外地质恐龙遗迹博物馆。在这个时期还召开了一系列学术研讨会，主要有2003年召开的纪念河套人发现80周年学术座谈会，2004年召开的纪念萨冈彻辰诞生400周年学术研讨会，2005年召开的中国·秦直道与草原文化研讨会，2006年召开的阿尔寨石窟寺文化学术研讨会和萨拉乌苏遗址国际学术研讨会，2008年召开的鄂尔多斯青铜器国际学术研讨会，2009年召开的中国蒙古学·阿尔寨石窟国际学术研讨会，2010年召开的鄂尔多斯青铜器与早期东西方文化交流——北方草原通道国际学术研讨会等。该阶段还出版了《鄂尔多斯文物考古文集》（第二辑）、《成吉思汗陵》、《阿尔寨石窟——成吉思汗的佛教纪念堂兴衰史》、《秦直道》、《远祖的倾诉——鄂尔多斯青铜器》、《鄂尔多斯史海钩沉》、《阿尔寨石窟寺》、《东胜区文物志》、《杭锦旗文物志》等重要学术专著，标志着鄂尔多斯文物考古事业的快速发展。

2011年至今是鄂尔多斯文物事业繁荣发展的阶段。2011年，"三馆一院"的成立，开启了鄂尔多斯文博事业的新纪元。以鄂尔多斯博物馆、鄂尔多斯青铜器博物馆、鄂尔多斯革命历史博物馆和鄂尔多斯市文物考古研究院为核心，各旗区文物保护管理所和博物馆为重要组成部分的全市文物保护和研究系统已经初具规模。近年来，鄂尔多斯文博事业获得长足进展。2012年5月18日，鄂尔多斯博物馆新馆隆重开馆；鄂尔多斯青铜器博物馆新馆已建成即将开馆；鄂尔多斯革命历史博物馆已重新装修正在布展。鄂尔多斯博物馆、鄂尔多斯青铜器博物馆均跻身国家二级博物馆行列。2012年以来，出版了《游牧、农耕·碰撞、交融——鄂尔多斯通史展》著作、《鄂尔多斯文化遗产（2012、2013）》论文集、《伊金霍洛旗文物志》和《乌审旗文物志》。全市文物部门开始积极推进第一次全国可移动文物普查工作。鄂尔多斯文博事业从一个新的起点上，开始了新的征程。

在2006~2012年间开展的第三次全国文物普查中，鄂尔多斯市共调查登录不可移动文物点957处，其中复查468处，新发现489处。目前，鄂尔多斯市的不可移动文物，包括全国重点文物保护单位14处，内蒙古自治区级重点文物保护单位31处，市级重点文物保护单位93处，旗（区）级重点文物保护单位340处。

注释

[1] 鄂尔多斯大辞典编纂委员会：《鄂尔多斯大辞典》，内蒙古人民出版社，2009年，第824~825页。

[2] 陈育宁著：《鄂尔多斯史论集》，宁夏人民出版社，2002年，第336~337页。

[3] 高毅、王志浩、杨泽蒙编著：《鄂尔多斯史海钩沉》，文物出版社，2008年，第16~32页。

[4] 苏秉琦主编：《中国远古时代》，上海人民出版社，2010年，第1~2页。

[5] 董光荣、苏志珠、靳鹤龄：《晚更新世萨拉乌苏组时代的新认识》，《科学通报》1998年第43卷第17期。

[6] 祁国琴：《内蒙古萨拉乌苏河流域第四纪哺乳动物化石》，《古脊椎动物与古人类》

1975 年第 13 卷第 4 期。

[7]　侯亚梅、王志浩、杨泽蒙、甄自明：《内蒙古鄂尔多斯乌兰木伦遗址 2010 年 1 期试掘及其意义》，《第四纪研究》2012 年第 32 卷第 2 期。

[8]　刘扬：《鄂尔多斯乌兰木伦遗址石器工业》，中国科学院古脊椎动物与古人类研究所博士学位论文，2013 年。

[9]　王志浩、侯亚梅、杨泽蒙、甄自明：《内蒙古鄂尔多斯市乌兰木伦旧石器时代中期遗址》，《考古》2012 年第 7 期。

[10]　杨泽蒙：《准格尔旗寨子圪旦遗址试掘报告》，《万家寨水利枢纽工程考古报告集》，远方出版社，2001 年。

[11]　内蒙古自治区文物考古研究所、鄂尔多斯博物馆：《朱开沟——青铜时代早期遗址发掘报告》，文物出版社，2000 年。

[12]　伊克昭盟地方志编纂委员会：《伊克昭盟志》，现代出版社，1994 年。

[13]　伊克昭盟文物工作站编：《鄂尔多斯文物考古文集》，1981 年。

[14]　景爱著：《中国长城史》，上海人民出版社，2006 年。

[15]　史念海：《秦始皇直道遗迹的探索》，《文物》1975 年第 10 期。

[16]　林幹：《试论王昭君艺术形象的塑造》，《内蒙古大学学报（人文社会科学版）》1986 年第 3 期。

[17]　国家文物局主编：《中国文物地图集·内蒙古自治区分册》，西安地图出版社，2003 年。

[18]　张占霖主编：《鄂尔多斯文化·文物卷》，社会科学文献出版社，2011 年。

[19]　宁夏文物考古研究所、盐池县博物馆：《宁夏盐池县古长城调查与试掘》，《考古与文物》2000 年第 3 期。

[20]　王乃昂、何彤慧、黄银洲、冯文勇、程弘毅：《六胡州古城址的发现及其环境意义》，《中国历史地理论丛》，2006 年第 21 卷第 3 辑。

[21]　艾冲著：《公元 7-9 世纪鄂尔多斯高原人类经济活动与自然环境演变研究》，中国社会科学出版社，2012 年。

[22]　李逸友：《内蒙古史迹丛考》，《内蒙古文物考古文集》第二辑，中国大百科全书出版社，1997 年。

[23]　旺楚格编著：《成吉思汗陵》，内蒙古人民出版社，2004 年。

[24]　王大方、巴图吉日嘎拉、张文芳：《百眼窑石窟的营建年代及壁画主要内容初论——兼论成吉思汗在百眼窑地区之活动》，《内蒙古文物考古文集》（第一辑），中国大百科全书出版社，1994 年。

[25]　仁钦道尔吉：《鄂托克访古——成吉思汗在阿尔寨石窟及阿尔巴斯地区的活动》，《内蒙古地方志》2002 年第 1 期。

[26]　宁夏文物考古研究所、鄂托克前旗文化局、灵武市文物管理所：《宁夏灵武市古长城调查与试掘》，《考古与文物》2006 年第 2 期。

[27]　《鄂尔多斯史话》编委会编写：《鄂尔多斯史话》，华文出版社，2007 年。

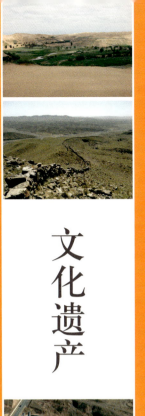

文化遗产

文化遗产 目录

旧石器时代

鄂尔多斯市境内共有旧石器时代遗址三处。

鄂尔多斯旧石器时代的年限，为距今14～1万年。从自治区范围内来说，鄂尔多斯市属于旧石器时代遗址最多的地区之一。目前已知分布于鄂尔多斯高原的重要遗址共有三处：位于乌审旗距今14～7万年的萨拉乌苏遗址、位于康巴什新区距今7～3万年的乌兰木伦遗址、位于鄂托克前旗与宁夏自治区交界处距今3.5～2万年的水洞沟遗址。从年代上来说，三处遗址环环相接，构成了鄂尔多斯高原旧石器时代中晚期的一个完整序列；从分布上来看，分别位于鄂尔多斯的南、中、西三个区域，表明鄂尔多斯在遥远的人类蒙昧时期就是古人类生存、繁衍、活动、迁徙的重要地区。

ⅢⅢ 1 ⅢⅢ 乌审旗萨拉乌苏遗址 ————————

撰稿：甄自明
摄影：杨泽蒙

全国重点文物保护单位。

位于乌审旗无定河镇大石砭村至大沟湾村，由当地人称为"沟湾"的多处河曲组成，包括杨四沟湾、清水沟湾、曲家沟湾、滴哨沟湾、范家沟湾、邵家沟湾、米浪沟湾、刘家沟湾、杨树沟湾等九个地点。萨拉乌苏河又名红柳河，发源于陕西省白于山，横贯乌审旗南部，在巴图湾附近折向陕西，往东注入黄河。当地高原面十分平坦，地面被沙丘覆盖形成广阔的沙漠，萨拉乌苏河由黄土高原进入后，河流变得弯弯曲曲，就形成了"沟湾"。由于河谷结构松散，河流的侵蚀作用强烈，河床深深地嵌入高原之中，形成一条壮观的深切曲流。河谷宽约300～1500米，深达60～80米。

1922年法国天主教神父、地质古生物学家桑志华（E.Licent）在大沟湾捡到

萨拉乌苏高原面

三件石化的人类肢骨。1923年桑志华和法国古生物学家德日进（P.Teilhard de Chardin）组成考察队，在小桥畔进行调查和发掘，发现45种类的脊椎动物化石和一批石制品。后来，德日进研究发现了一颗石化程度很高的人类上门齿，经北京协和医院解剖科主任步达生（Davidson Black）研究，定名为"the Ordos Tooth"即"鄂尔多斯人牙齿"。20世纪40年代，裴文中先生首先使用了"河套人"和"河套文化"两个专用名词。"河套人"以那颗"鄂尔多斯人牙齿"为代表，"河套文化"则以水洞沟和萨拉乌苏河两地发现的旧石器时代石制品为代表。1956～1960年间，内蒙古自治区博物馆汪宇平曾先后三次赴萨拉乌苏河流域进行调查和发掘，在范家沟湾发现了一处旧石器地点，并找到了一件人类顶骨和一件股骨化石。1963～1964年，中国科学院古脊椎动物与古人类研究所裴文中和贾兰坡分别先后在萨拉乌苏河调查和试掘，各自提出了新的看法。1978～1979年，中国科学院兰州沙漠研究所在研究毛乌素沙地期间，发现了6件人类化石和一些石制品，人类化石中有4件是从萨拉乌苏组下部地层发现的，从而解决了多年来河套人所在地层不清楚的问题。1980年贾兰坡先生组织古脊椎动物与古人类研究所、兰州沙漠研究所和伊克昭盟文物工作站进行综合考察，发现人类化石11件，发掘出石制品100多件。2006年，由中国科学院古脊椎动物与古人类研究所和内蒙古博物馆共同主持了对范家沟湾地点的新一轮发掘，共发掘和采集到标本1000余件，其中石制品数十件。

萨拉乌苏遗址全长约3.4万米，面积约1399万平方米。萨拉乌苏河的发育历史为一千年左右。这里第四纪晚更新世的地层特别发育，而且动物化石丰富，故"萨拉乌苏组"这一地层单位得以建立，并且长期作为华北晚更新世的标准地层剖面。出露的地层大致可以划分为五个不同的地层组合，从上而下分为：（1）全新统，上部是现代风成砂丘和黄土状的冲积层，下部是黑垆土和湖沼相的灰白、灰绿或灰黑色的粉砂和粉细砂，厚10米上下。（2）上更新统，萨拉乌苏组上部，主要由松散的炭黄色至棕黄色的细砂组成，其中夹有湖沼相灰绿色粘质粉砂和灰黄色粉砂质细砂。厚25米左右。（3）上更新统，萨拉乌苏组下部，主要由湖河相的灰绿、灰黄等色的粉砂质细砂、亚粘土、粘质粉砂互层组成，厚40米左右。（4）中更新统，上部为松散的棕黄色细砂，下部为淡红色较坚硬的砂质亚粘土，含钙质结核。厚约5～6米。（5）白垩系，紫红色砂页岩，出露最大厚度约10米。

已发现的河套人化石共计23件，有额骨、顶骨、枕骨、单个门齿、下颌骨、椎骨、肩胛骨、肱骨、股骨、胫骨、腓骨等。除骨壁较厚的原始特征外，其它各方面较与现代人一致。

萨拉乌苏旧石器地点迄今共发现两处，一处在邵家沟湾，另一处在范家沟湾。从两处遗址共获得500多件石制品。石制品的原料主要有石英岩和燧石两种，除石核和石片以外，石器占有相当的数量；石器可以分为刮削器、尖状器和雕刻器三个类型。刮削器数量最多，形式也比较复杂，有直刃、凸刃、凹刃和复刃等。

萨拉乌苏大剖面

萨拉乌苏谷底

河套人头盖骨

河套人使用的石器

萨拉乌苏石器在打片和修理方法上，一般使用了直接打击和压制两种方法，没有见到间接打击法。萨拉乌苏石器最突出的一个特点，就是它非常细小，多数石器长2～3厘米，宽1厘米左右。在文化传统上，萨拉乌苏石器属于贾兰坡先生提出的华北地区"周口店第一地点（北京人）—峙峪系"或称"刮削器—雕刻器传统"，被命名为"萨拉乌苏文化"。

萨拉乌苏河一带共发现脊椎动物化石45种，其中包括鸟类11种，哺乳动物34种。这种以披毛犀、河套大角鹿、王氏水牛等组合为代表的典型动物群，被古生物界作为中国华北晚更新世的典型动物群，称为"萨拉乌苏动物群"。萨拉乌苏文化遗物另一个重要组成部分是人工打碎的动物骨头，它们包括羚羊、披毛犀、野马、野牛、鹿、骆驼、鸵鸟等，其中以羚羊的角和肢骨最多，仅邵家沟湾发现的羚羊角就有300多个，说明羚羊是当时人们的主要打猎对象，古人广泛利用羚羊角作为一种挖掘工具。几乎各种动物的头骨、肢骨

王氏水牛

河套大角鹿

披毛犀

都被砸碎，表明它们是被"敲骨吸髓"后留下来的。

　　萨拉乌苏遗址是鄂尔多斯市时代最早的古人类遗址。古脊椎动物与古人类研究所用^{14}C方法测得年代为距今35000年，属全球末次冰期（玉木冰期）中某一暖期，晚更新世。经董光荣先生等研究，通过对萨拉乌苏河流域第四纪地层的沉积相特征研究和层位对比，将大沟湾组之上发现的黑垆土、次生黄土和现代风成砂沉积命名为滴哨沟湾组，将萨拉乌苏组上部河流相沉积命名为风成砂相为主的城川组，而将萨拉乌苏组仅限制在原河湖相为主的"萨拉乌苏组"下部地层范围内，并把萨拉乌苏组的底部砂土砾石层之下的黄色细砂和

黄土划归为中更新世。河湖相沉积的萨拉乌苏组形成于约14～7万年前的末次间冰期（里斯—玉木间冰期）；城川组风成砂形成于7～1万年前的末次冰期。从而，将河套人和萨拉乌苏遗址的年代上限推前至14～7万年前。

　　由于萨拉乌苏河谷本身缺少真正的砾石，河套人只能到40多公里外的西部高地上寻找石器原料。但那里的原料供应状况也不好，缺少较大的砾石，只有两三种岩性的小砾石可供选择。这种不利条件对萨拉乌苏工业产生了显而易见的影响。首先是石器的尺寸特别细小，其次是原料匮缺使当时人们对已到手的原料特别珍惜，努力做到"物尽其用"。

▏▏▏▏2 ▏▏▏▏ 鄂尔多斯市乌兰木伦遗址

撰稿：甄自明
摄影：甄自明

鄂尔多斯市重点文物保护单位。

位于鄂尔多斯市康巴什新区康巴什2号桥东乌兰木伦河北岸。"乌兰木伦"，蒙古语，意为"红色的大河"。乌兰木伦河，是鄂尔多斯境内的一条季节性河流，发源于伊金霍洛旗杨家壕北的道劳岱山顶，从西北向东南流经合同庙、掌岗图、柳沟、瓦窑圪台（北为康巴什新区）、乌兰木伦庙进入陕西省神木县境内，主河道长103.5公里，流域面积3085平方公里。遗址位于康巴什新区乌兰木伦景观河景区内。

乌兰木伦遗址由蒙古族古生物化石爱好者古日扎布于2010年5月发现。2010

乌兰木伦河

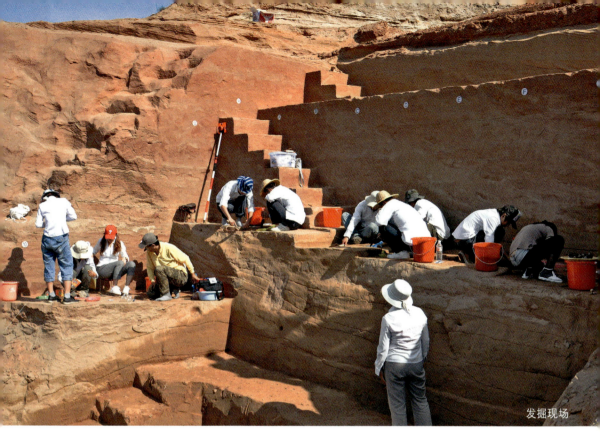

发掘现场

年6～7月，鄂尔多斯青铜器博物馆对乌兰木伦遗址进行考古调查和抢救性试掘。2010～2011年，中国古脊椎动物与古人类研究所与鄂尔多斯青铜器博物馆联合对乌兰木伦遗址进行考古发掘。2012年至今，古脊椎动物与古人类研究所与鄂尔多斯市文物考古研究院联合对遗址开展调查、发掘、研究和保护工作。

乌兰木伦遗址已发现并确认三个重要地点，分别为第1、第2、第3地点。遗址的保护范围，为东至纵十一路北端和乌仁都西路南端的连接线，南至乌兰木伦路和滨河路，西至通格朗街和伊克昭街间的一号桥，北至湖滨路，保护范围面积47.7公顷。

经中国科学院地质与地球物理研究所袁宝印研究员对遗址所在地及周边地质、地貌的综合考察确定，遗址所在地基岩为白垩纪红色风成砂岩，顶部为近现代风成沙堆积，遗物出土地层为呈灰绿色的河湖相三角洲沉积。今乌兰木伦河流域在久远的古代曾为湖泊，周边为绿洲，绿洲上植物丰茂、动物成群，围绕乌兰木伦古湖，有多条流经绿洲的河流注入乌兰木伦古湖，遗址所在地便是其中一条河流入湖的三角洲地带。华南师范大学李保生教授在乌兰木伦遗址剖面上观察到沙丘砂或者三角洲相与其上覆的湖沼相构成的17个沉积旋回，乌兰木伦遗址及其周围自晚更新世后期末次间冰期以来经历了多次古湖时期。

遗址第1地点地层堆积厚度约10米，出土遗物的地层堆积厚度约5米。遗址地层初步划分为1～8层，每层均有遗物出土，其中3~6层遗物最丰富，并保留有大量灰烬、木炭、烧骨等组成的用火遗迹。

乌兰木伦遗址第1地点多个层位出现多处灰烬、木炭、烧骨、石器等组成的用火遗迹。乌兰木伦遗址第2地点发现披毛犀足迹一处。

至2012年底，乌兰木伦遗址共挖掘出土13000多件石制品遗物，石制品类别包括石核、石片、工具三大类。工具有锯齿刃器、凹缺器、各类边刮削器和适于装柄的各类尖状器、鸟喙状器、钻具、石锥、石刀、使用石片、盘状器、雕刻

遗址全景

第1地点全景

器、原型石镞等类型。石制品有如下特征：(1) 原料以当地出产的各色石英岩为主，此外还有燧石、石英、砂岩、片麻岩、硅质岩等。多为卵形小砾石。总体来说，这些原料质地致密，硬度高，比较适合石制品的打制。(2) 石制品类型包括石核、石片、各类工具以及断块与断片。石核多为单台面石核，其次是多台面石核，双台面石核最少。石片台面具有修理痕迹，背面疤数量较多，存在一定数量具有使用痕迹的石片。工具主要以石片毛坯打制，类型多样。除各类刮削器外，凹缺器、锯齿刃器十分突出。多见尖凸刃器、端刮器、石锥、钻具、鸟喙状器和类型不同的琢背石刀。另有少量盘状器。不少工具呈现出一器多用的功能特点。(3) 从目前出土的石制品来看，锤击法是剥片和工具修理的主要方法。(4) 石制品总体上为小型石片工业组合，未见以卵石或大型材料直接加工的大型工具。(5) 发现多组石制品剥片可以拼合，表明遗址为原生堆积。

至2012年底，乌兰木伦遗址共出土15000多件古动物化石，据中国科学院古脊椎动物与古人类研究所董为研究员鉴定表明，乌兰木伦动物群中披毛犀的数量最多，其次是普氏野马，然后是河套大角鹿，最后是诺氏驼、牛和兔。小哺乳动物有鼢鼠、仓鼠、田鼠、姬鼠和跳鼠等。从动物标本反映的年龄结构来看，披毛犀的幼年和少年个体相对较多。马基本上是成年个体。其他种类个体数量较少，主要是成年个体。从动物群的组成来看，乌兰木伦动物群明显属于华北晚更新世"萨拉乌苏动物群"。

为确定遗址年代，2010年9月，北京大学张家富教授采集了年代样品，并在有关实验室进行了年代测定，为距今约7～3万年，属于第四纪晚更新世，旧石器时代中期。2012年，为了得到可靠的光释光年代，张家富教授对样品的沉积背景和样品的光释光性质都进行了大量实验，并且利用年龄—深度模式得出了该遗址文化层的年代应该为距今6.5～5万年。

乌兰木伦遗址文化面貌独特，内涵丰富。除常见的各类刮削器外，以发达的锯齿刃工具和凹缺器为代表的石器工业组合与欧洲旧石器时代中期文化的面貌趋同，预示旧石器时代东西方之间存在文化上的交流与融合。除常见的器形外，一些新兴工具类型如装柄工具的出现反映了人类生活方式的转变引发的新需求。工具形态与生活方式相应，集中反映出"乌兰木伦人"为满足狩猎行为在生活中所需的不同器物类型，表现出石制品生产趋向专业化。遗址中存在的大量碎骨和具有明显切割痕迹以及人工打片痕迹的骨化石与骨制

第1地点出土盘状器

第1地点用火遗迹

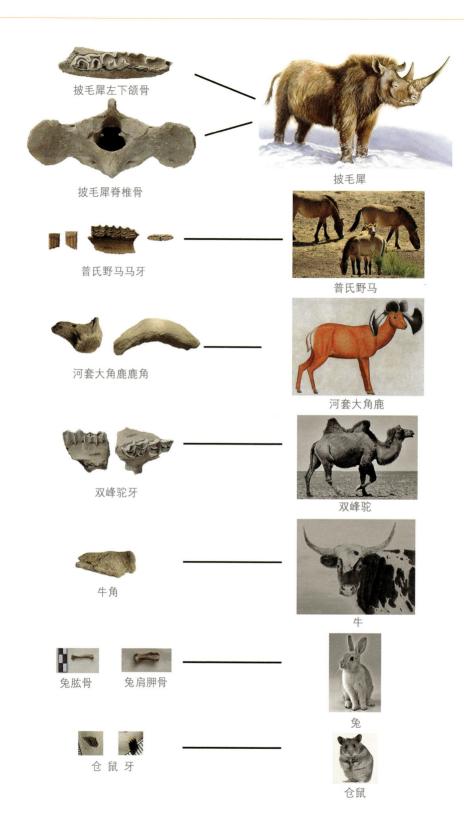

披毛犀左下颌骨

披毛犀脊椎骨

披毛犀

普氏野马马牙

普氏野马

河套大角鹿鹿角

河套大角鹿

双峰驼牙

双峰驼

牛角

牛

兔肱骨　兔肩胛骨

兔

仓鼠　牙

仓鼠

出土的动物化石及其对应古动物复原图

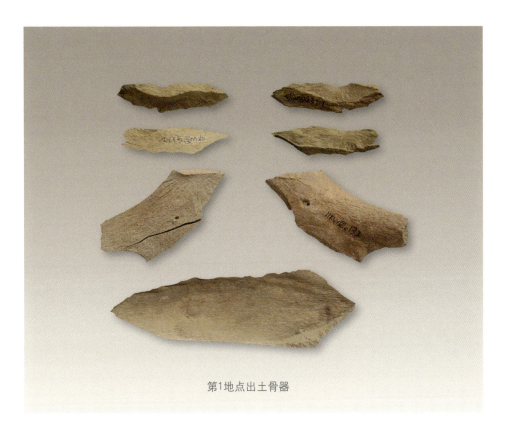

第1地点出土骨器

品，表明遗址所出化石与人类行为有密切关系，反映了生活于末次冰期阶段的古人类在环境变化背景中采取的不同于以往的生产和生活方式，骨器的制作是这一变化的突出标志。用火遗迹与烧骨现象的发现，可能说明"乌兰木伦人"具有加工熟食的习惯。

地处东亚北部人类迁徙的重要腹地，属于旧石器时代中期的乌兰木伦遗址，在末次冰期期间，面临全球气候变化的挑战，其古人类在生活和行为方式上做出了新的调整和转变，遗址出土的文化遗物反映了该阶段人类的行为适应特点；该阶段同时也是现代人起源的敏感时空阶段，结合我国华北其他相关遗址的证据，将为该主题的探讨提供全新的宝贵材料。旧石器时代中期的遗址在我国相当稀少，使得该遗址的发现显得尤为重要，遗址出土遗物的数量与内涵之丰富为在内蒙古地区、华北乃至东亚地区研究该阶段的遗存增加了新的内容，有望改变以往关于中国旧石器中期的看法，推动中国旧石器分期的理论研究。乌兰木伦遗址是继1922年法国人发现萨拉乌苏及水洞沟遗址后鄂尔多斯地区的又一次史前文化的重大发现。该遗址对于研究鄂尔多斯高原的第四纪地质学、古环境学、古人类学、古生物学等相关学科具有不可替代的科学价值，势必对东亚史前史和第四纪研究领域产生重要影响。在 2012年"中国社会科学院考古学论坛"上，"乌兰木伦旧石器时代遗址"被评选为2011年度"中国六大考古新发现"。

新石器时代

鄂尔多斯市境内共有新石器时代遗存188处。

新石器时代中期，距今约6500年前的阳湾遗址，成为鄂尔多斯地区迄今所知时代最早的新石器时代遗址。鄂尔多斯境内新石器时代遗存众多，文化性质由早到晚，分别属于仰韶时期距今约6500～5500年的白泥窑子文化、距今约5500～5000年的海生不浪文化，龙山时期距今约5000～4200年的永兴店文化、距今约4200～3500年的朱开沟文化。大口文化、永兴店文化和朱开沟文化，都是在鄂尔多斯地区最先发现并命名的新石器时代著名考古学文化，显示出鄂尔多斯新石器时代遗迹的地域性和独特性。

ⅢⅢ 3 ⅢⅢ 准格尔旗鲁家坡遗址

撰稿：卢悦　刘长征

摄影：王永胜

准格尔旗重点文物保护单位。

位于准格尔旗哈岱高勒乡马家塔行政村鲁家坡自然村北0.5公里的山坡上，地势东北部高，西南部略低。遗址分布于坡地的南端和西南端。东距黄河约14公里。

1993年，为配合万家寨水利枢纽工程，内蒙古自治区文物考古研究所对鲁家坡遗址进行了抢救性清理发掘。

遗址地层堆积较薄，遗迹现象比较简单，根据出土遗迹和遗物分析可分为三期文化遗存。

第一期文化遗存以短沿方唇夹砂罐、折口壶、折沿盆、红顶钵、尖底罐等为其主要特征。陶质有夹砂和泥质陶两种，夹砂陶多掺杂粗砂，流行绳纹和由绳纹和凹弦纹组成的复合纹饰；泥质陶多为素面。房址均为半地穴式，平面呈圆角方形或梯形等。居住面大多经烧烤。灶为长方形或

地貌

标本

椭圆形土坑灶，位于室内靠近门道处，门道为窄长条形。遗物有数量较多的石磨盘、磨棒、石刀、石铲、陶刀等，表明这时期人们以农业为主要经济来源，发现的兽骨、鹿角等也表明了狩猎业仍是人们经济生活的重要补充成分。其文化内涵与北首岭早期遗存基本一致，年代应属于仰韶文化早期。

第二期文化遗存以夹砂罐、尖底瓶、钵、盆、火种炉等为基本陶器组合。夹砂陶多夹细砂，纹饰以绳纹为主；泥质陶以素面为主。房址平面呈圆角方形或长方形，均为半地穴式建筑。居住面由草拌泥抹成并经烧烤，圆形坑灶位于房址前端近门道处，窄条形门道与灶坑相连。其文化内涵与仰韶文化庙底沟类型基本一致，年代应属于仰韶文化中期。

第三期文化遗存以侈沿夹砂罐、喇叭口尖底瓶、敛口钵、泥质小口罐等为其主要特征。夹砂陶略多于泥质陶，陶色除红、红褐、灰褐外，又出现了少量橙黄陶。纹饰以绳纹、素面占多数，附加堆纹发达。房址仅见一座，平面略呈圆形，半地穴式建筑。其文化属于海生不浪类型，年代应属于仰韶文化晚期。

鲁家坡遗址是目前内蒙古中南部南流黄河两岸典型的原始文化遗址之一。该遗址使我们对这一地区仰韶时期原始文化面貌、渊源等有了进一步认识。

‖‖‖ 4 ‖‖‖ 准格尔旗寨子圪旦遗址 ────

撰稿：甄自明　刘长征
摄影：杨泽蒙　王永胜

全国重点文物保护单位。

位于准格尔旗薛家湾镇荒地村东北约2公里处。东傍黄河，南北分别为两条注入黄河的冲沟，其中北部的一条大沟叫"小鱼沟"。这里是濒临黄河西岸的一处制高点，高出黄河水平面约120米。遗址所在山丘的东侧为黄河西岸的悬崖绝壁，南北两侧为紧傍深沟的陡坡，只有西侧坡势略缓，与黄河西岸的丘陵相连。这里分布着众多的新石器时代古人类活动遗址，是黄河西岸新石器时代晚期人类活动较密集的地区之一。

1998年，为配合万家寨水利枢纽建设工程，鄂尔多斯博物馆对寨子圪旦遗址进行了抢救性发掘。

遗址面积约5万平方米，是一处以石筑围墙环绕的祭坛为主体的原始社会聚落遗址。石筑围墙依地形而建，平面形制不

遗址全景

太规整，略呈椭圆形，南北约160米，东西约110米。墙体底部宽约4.5米，顶部宽约3.5米，残存高度1～1.5米不等。墙体内外两壁用石板、石块垒砌而成，略呈斜坡状，较平整，内部由碎石块及土填充而成。在石筑围墙环绕的中心地带，有三座主体建筑呈"品"字形分布，北部一座为边长25米的方形台基，呈覆斗形，顶部及四坡均由石板铺成。南部的两座为边长约12、宽约5米的长方形建筑基址，墙体由石板垒砌而成，宽约0.75米，残高0.5米，壁面平整，垒砌讲究。室内地面也用石板拼铺而成。出土器物有石斧、刀、锛、磨盘、骨针、锥，泥质篮纹喇叭口圜底瓶、篮纹敛口折肩罐等。

遗址的时代为距今5000年左右，相当于新石器时代仰韶文化晚期（对应"海生不浪文化"）向龙山文化（对应"永兴店文化"）的过渡阶段。寨子圪旦遗址的覆斗形台基建筑在内蒙古中南部地区尚属首次发现，与其性质类似的"祭坛"遗址，在内蒙古大青山南麓有所发现，但形制与其存在很大的差别。该处遗址是集防御与宗教为一体的原始社会晚期聚落遗址，它不仅保存较好，时代较早，而且规模较大，它是中国北方地区迄今为止发现的时代最早的具有石筑围墙的遗址，也是极少数的，集防御与宗教为一体的原始社会晚期古人类遗址。在古代修筑如此规模的工程绝非一个部落能够独立完成的事，该遗址应该由南流黄河西岸几个同时代的古人类部落共同拥有，居住在这里的主人，拥

石围墙局部

遗址地貌

遗址西部

有代表人类和天、神沟通的能力，拥有凌驾于其他部落之上的特权，因此无论其构成形态，还是功能、性质等，均堪称远东地区的"金字塔"之首。

遗址为中国北方地区新石器时代晚期聚落形态、社会组织以及社会发展进程的研究工作等，提供了全新的珍贵资料。遗址坚固的石筑围墙以及高高在上的祭坛，虽经历了5000多年历史岁月的无情洗涤，却依然生动地再现着鄂尔多斯地区人类文明社会前夜的动荡、激昂、神秘与惨

烈。人类社会就是在这样的激荡声中，一步步由新石器时代迈进青铜时代的门槛，并不断向更高的社会发展阶段迈进。而鄂尔多斯的古代人类始终处在这个势不可挡的历史发展洪流的潮头、推波助澜，奋勇前进。这就是我们透过这个在地下湮没了5000多年的古人类文化遗址，对鄂尔多斯地区的远古文化在中华文明形成和发展过程中核心区地位的新认识。

陶器组合

陶瓮

陶喇叭口圆底瓶

⫽ 5 ⫽ 准格尔旗大口遗址

撰稿：卢悦　刘长征
摄影：王永胜　李三

鄂尔多斯市重点文物保护单位。

位于准格尔旗龙口镇大口村东北0.5公里处。坐落在黄河西岸高出河床30米的台地上，黄河自北向南流经遗址东侧。

大口遗址为1962年内蒙古历史研究所在内蒙古中南部黄河沿岸调查时发现，1973年由内蒙古社会科学院进行了小规模的试掘。

遗址东西约200米，南北约150米，总面积约3万平方米，文化层厚0.1~3米，共分为六层。五、六层为大口一期文化，三、四层为大口二期文化。房址、瓮棺葬和窖穴均属于第二期文化，三座墓葬属于晚于大口二期文化的遗存。

大口一期文化，年代相当于龙山文化晚期。出土陶片以泥质灰陶居多，其次为泥质褐陶和夹砂灰陶，另外还有夹砂褐陶、泥质黑陶和少量的泥质红陶。泥质陶陶质坚硬，火候较高；夹砂陶中掺有粗砂粒，较均匀。陶器纹饰以篮纹和绳纹为主，也有少量的划纹、附加堆纹、方格纹、剔纹和彩陶。制作方法均为手制，有些器物附有鸡冠状器鋬。器形有斝、鬲、罐、盆、瓮、碗、豆、器盖和器座等。彩陶纹饰简单，图案有弧线纹、曲

线纹等。彩绘用黑或红彩绘成，可辨的器物只有钵。石器有石刀和石铲。骨器有骨针和骨锥。

大口二期文化，年代相当于早期青铜时代。遗迹包括房址、窖穴和墓葬。房址共发现3处。窖穴1个，呈半圆形，形制规整，坑壁垂直。墓葬10座，其中瓮棺葬7座，其余3座为土圹竖穴墓，有生土二层台，其中一座还有斜坡式墓道。三座墓均没有随葬品，从它们打破房址来看，是晚

标本

遗址地貌

于大口二期文化的遗存。遗物有石器、骨器和陶器。石器以磨制为主，少量打制，包括斧、刀、锛、铲、盘状器、磨器、臼形器、尖状器、磨棒等。骨器出土数量较多，且制作精致，包括凿、镞、锥、匕、针和笄等。陶器以泥质灰陶为主，夹砂灰陶次之，此外还有泥质褐陶、夹砂褐陶和少量的泥质黑陶。纹饰以篮纹和绳纹为主，篮纹模印清晰，印痕有宽有窄，多作垂直或斜向排列；绳纹多数较粗，印痕深浅不均；另外，还有少量附加堆纹、划纹、锥刺纹、方格纹等。这些纹饰一般组合使用，有的在器物口部或颈部饰以三角纹或方形划纹，在腹部饰以麻点状的剔纹。在一些大型器物上，还附有器錾，器錾都较大，一般做泥饼状。制作方法主要是手制，有些器物经过慢轮修整。小型器物一次捏塑而成，大型器物用泥条盘筑分段制成。器型有袋足瓮、鬲、鬲、罐、大口尊、盆、碗、盉等。此外，发掘中还出土一些动物骨骼，可以辨认的种属有猪、羊、鹿、牛等。

从大口一期文化和二期文化出土的陶器质地看，虽然两期文化都以泥质灰陶居多，但一期比二期多，并且还有少量的泥质红陶。从纹饰上看，两期均以篮纹和绳纹为主，但两期的绳纹有明显的区别：一期的绳纹排列齐整，印痕清晰且紧密；二期的绳纹则较粗，印痕深浅不匀。此外，一期还有少量的方格纹和彩陶存在。两期文化的器錾也有区别，一期文化的器錾较小，多做鸡冠状，装饰价值大于实用价值；二期文化的器錾较大，多作泥饼状，装饰在体积较大的陶器上，偏重实用价值。从器形上看，一期文化不见高大的器型，二期文化中则器型高大、器壁厚重。

大口二期文化盛行的瓮棺葬，是仰韶文化中颇为流行的一种风俗，在这一期文化中这种葬俗依然盛行。这种现象的出现可能有两种原因：其一，这是一种具有地域特色的文化特征；其二，文化发展的不平衡，使得这种葬俗在这里还延续了相当长的时间。

大口遗址的两期文化在生产工具上的变化不很显著。农业生产工具二期比一期多，石铲、石斧、石刀等农具的出土，众多大型陶器的存在，说明当时人们的经济生活是以相当发达的农业为主。广泛使用骨器和动物骨骼的发现，说明家畜饲养和狩猎在人们生产活动中占有一定的地位。石贝被当做交换手段的货币使用，说明随着社会生产力的提高，商品交换已经出现。

该遗址的年代从新石器时代晚期延续至青铜时代早期，曾引起学术界的广泛关注，被命名为大口文化，后被"永兴店文化"和"朱开沟文化"所代替。

陶罐局部

陶罐

青铜时代

鄂尔多斯市境内共有青铜时代（包括商、西周、春秋、战国时代）遗存89处。

进入青铜时代后，鄂尔多斯本地文化大放异彩，形成了独具特色的"鄂尔多斯青铜器"。鄂尔多斯青铜器主要发现于鄂尔多斯高原及其邻近地区，时代相当于春秋至西汉时期（约公元前8~2世纪），考古遗存中的青铜或金银制品，因以鄂尔多斯地区分布最集中、发现数量最多、最有特点而得名。它是中国古代北方草原民族文化的代表性器物之一，其文化内涵丰富、特征鲜明、延续时间长、分布地域广。与之类似的遗存，在整个中国北方长城沿线地带均有发现。由于其与欧亚草原民族文化有着十分密切的关系，因此，对"鄂尔多斯青铜器"的研究，已成为一门世界性的学术课题。"鄂尔多斯青铜器"多为实用器，按其用途大体可分为兵器、工具、装饰品、生活用具及车马器四大类，以短剑、铜刀、鹤嘴斧、棍棒头、各类动物纹饰牌、饰件、扣饰为主，因以大量动物纹装饰器物而最具特征。动物纹的种类有虎、豹、狼、狐狸、野猪、鹿、马、羊、牛、骆驼、刺猬、飞禽等，多采用圆雕、浮雕、透雕等装饰手法，内容丰富、造型生动、工艺娴熟。"鄂尔多斯青铜器"以其复杂巧妙的图案构思、独特的艺术风格和优美的造型而享誉海内外。

|||| 6 |||| 伊金霍洛旗朱开沟遗址 ————

撰稿：甄自明　李绿峰
摄影：杨泽蒙　李绿峰

全国重点文物保护单位。

位于伊金霍洛旗纳林陶亥镇朱开沟村三社沟掌处。东为庙梁，南为庙底沟，朱开沟季节河自东北向西南流，至纳林塔注入束会川，再向南流入牸牛川、窟野河，后汇入黄河。

1974年夏，田广金发现朱开沟遗址，1977年、1980年、1983年和1984年对该遗址进行了四次正式发掘。

"朱开"，蒙古语，心脏的意思，亦写作"珠儿开"或"朱日很"。遗址分布在沟壑纵横的朱开沟沟掌处东西长约2公里、南北宽约1公里范围内，文化层厚1.5～3.5米。四次共发掘面积约4000平方米，发现居住房址83座、灰坑（或窖穴）207个、墓葬329座和瓮棺葬19座，出土可复原陶器510余件、石器270余件、骨器420余件和铜器50余件。另外，还采集了大量陶器标本和动物骨骼标本。

遗址发现的房址绝大多数为浅穴式或

遗址地貌

文化层

地面式单间建筑，平面形制多呈方形或长方形，少数呈圆形；面积最大的约41平方米，最小者仅3.2平方米，多数为10～20平方米；门向依所在位置地势的不同而各有所异，但总体上以东南向和西南向为主，大多数房址都有凸出室外的长条形门道；房址的居住面都比较平坦，以用黄泥和红泥铺垫为多，多数都经烧烤；有些房址在垫土居住面上抹有白灰面，较光滑坚硬；在居住面中部设灶；房址墙体主要有两种建造形式，一种为黄土混杂大量石块、陶片筑成，另一种则为木骨泥墙式建筑。发现的灰坑主要有圆形直筒状、圆形

袋状、椭圆形直筒状三大类，另外还有长方形、方形直壁竖穴，长方形、方形斜壁覆斗状坑等。多数灰坑形制较规整，应是废弃的窖穴之类的设施。

墓葬大多数分布在相对集中的几个小区内，大多有一定的排列顺序，多数为平面呈长方形的竖穴土坑墓，少数墓穴近底部设有生土或熟土二层台；有一定数量的墓葬在穴壁上设有壁龛、头龛或脚龛；少数墓葬有木质葬具；绝大多数为一次葬，骨骼保存较为完整；绝大多数为单人葬，仰身直肢，有一定数量的双人、三人、四人合葬墓，合葬墓多数为以男性为本位的

内蒙古中南部地区仅有的出土青铜器的夏商时期古文化遗址，而且也因为拥有时代最早的鄂尔多斯青铜器而备受瞩目。朱开沟遗址的陶器群以发达的三足器而著称，尤其是以"花边鬲"、"蛇纹鬲"、"三足瓮"、"带纽罐"等器物构成的特有组合，不仅地域鲜明，而且独具特色。

朱开沟遗址分三期：龙山时代晚期、夏代、商代早期。龙山时代晚期的房址为圆角方形半地穴式白灰面建筑，墓葬为长方形竖穴土坑单人葬；出土有泥质灰陶单耳和双耳罐、豆，夹砂灰陶绳纹高领鬲、三足瓮、甗、单把鬲、盉等。夏代的房址为半地穴式和地面建筑，长方形竖穴土坑墓除单人葬外，还有双人和多人合葬，流行随葬猪、羊下颌骨；出土有泥质灰陶单耳和双耳罐、高领罐、大口尊、豆，夹砂灰陶绳纹高领鬲、花边鬲、甗、三足瓮、单把鬲、盉，砂质褐陶蛇纹鬲、带纽罐等。商代早期房址多为长方形或方形地面

异性合葬墓，男性仰身直肢，女性或儿童侧身曲肢。约占总数三分之一的墓葬有随葬品，随葬品种类以陶质生活器皿为主，另外还有石、骨、铜质的生产工具、生活用具、装饰品等。约占总数十分之一的墓葬有殉牲，种类主要是猪或羊的下颌骨。瓮棺葬都位于居住址内，所葬者均为儿童，葬具都是较大型的实用陶质器皿。

出土遗物大体可分为生产工具、生活用具、装饰品等三大类。生产工具不仅数量多，而且反映了农业、狩猎、日常劳作各个门类，特别是其中一些青铜兵器、工具、用具的发现，使朱开沟遗址不仅成为

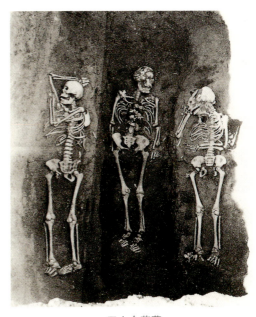

三人合葬墓

窑址

虎纹青铜戈

短剑、铜刀

建筑，墓葬多为长方形竖穴土坑单人葬；出土有泥质灰陶罐豆、盆、云雷纹簋、夹砂灰陶花边鬲、三足瓮、甗、砂质褐陶蛇纹鬲、带纽罐及铜戈、短剑、刀、牌饰、臂钏等。

根据对出土遗迹和遗物的综合分析可知，朱开沟遗址的时代上限约为距今4200年的龙山时代晚期，下限约相当于距今3500年的商代前期，整个遗址前后延续了约八百年。鉴于它的重要性和特殊性，学术界将以朱开沟遗址为代表的遗存命名为"朱开沟文化"。朱开沟文化的确立，证明距今4200~3500年前，在以鄂尔多斯地区为中心的区域内，居住着一支具有明显自身特征的人类集团。他们是仰韶文化晚期海生不浪文化以来，在本地区延续生存、发展下来的人群为主体构成的，同时也吸收、结合了部分来自周邻地区人类群体的文化因素，共同创造了本地区原始社会末期的辉煌历史篇章，同时对周边地区的人类集团，产生了极为深远的影响。

青铜器

陶甗

‖‖ 7 ‖‖ 鄂尔多斯战国秦长城

撰稿：甄自明
摄影：甄自明

全国重点文物保护单位。

鄂尔多斯战国秦长城主要分布于伊金霍洛旗、准格尔旗、达拉特旗、东胜区。

鄂尔多斯战国秦长城，全长近100公里，沿线分布有若干烽燧和障城。构筑方式有石块垒砌、毛石干垒、石块堆积、土夯筑四种。战国秦长城从陕西省府谷县进入伊金霍洛旗纳林陶亥镇三界塔村，沿牸牛川西岸一直向北，在大柳塔村进入束会川西岸；然后再向北进入准格尔旗准格尔召镇哈喇沁川东岸，向东北从铧尖村通往暖水村，再向西北经过达拉特旗白泥井镇敖包梁村，最后向西北到达东胜区塔拉壕镇店圪卜村。

周元王元年（公元前475年），我国进入七雄争霸的战国时代，当时的鄂尔多斯成为赵、魏、秦、义渠（古代北方的游牧民族）、匈奴争夺的肥沃牧场和战略要地。周显王四十四年（公元前325年），秦始皇的曾祖父——秦昭襄王登上秦国王位，他是一位既有雄才大略，又会使用阴谋诡计的君主。在位期间，当时天下的二分之一都已归属秦国。他大败义渠，不仅消除了秦的后顾之忧，还获得了义渠故地的骁勇士兵和众多牲畜，为秦灭六国提供

| 鄂尔多斯文化遗产

了雄厚的军事资源。

在秦昭襄王以前，秦国虽然对义渠进行多次征讨，不过义渠的势力仍然很大。在秦昭襄王时期，义渠王利用朝拜秦国的机会与秦昭襄王之母私通，导致秦昭襄王计杀义渠王，然后对义渠展开征讨。义渠虽然溃逃，然而其有生力量并没有被彻底消灭，为了防患于未然，秦昭襄王采取了修筑长城的措施。由此可知，秦昭襄王修筑长城的目的，主要是为了防御义渠，防止其夺回已失去的故地。

战国秦长城经过今甘肃、宁夏、陕西、内蒙古四省、区的23个县域，总长度约2000公里。鄂尔多斯战国秦长城为其一部分。战国秦长城阻止了义渠的进攻，稳定了秦的后方，为秦统一天下奠定了重要基础。

汉初国弱，阴山秦始皇长城一带被匈奴占据，西汉便沿用和补筑了鄂尔多斯境内的战国秦长城，以便防御匈奴，史称"故塞"长城。

伊金霍洛旗乌兰敖包长城保存较好的一小段

伊金霍洛旗纳林塔长城

准格尔旗公沟长城

伊金霍洛旗兰家塔长城

准格尔旗暖水长城

达拉特旗敖包梁长城

准格尔旗黄天棉图长城

‖‖‖ 8 ‖‖‖ 杭锦旗桃红巴拉墓地

撰稿：岳够明　王颖　白虹
摄影：白志荣

鄂尔多斯市重点文物保护单位。

位于杭锦旗锡尼镇原阿门其日格东南6公里，阿鲁柴登行政村南5公里处，所在地区是地势较低的沙地。

1972年冬，杭锦旗阿门其日格乡桃红巴拉村村民在村东北方4公里处，阿鲁柴登的沙窝子里发现了一批装饰有动物纹的金银器。1973年，内蒙古文物工作队对该墓群进行了抢救性清理发掘，前后共清理发掘七座墓葬。

墓地全景

1973年发掘地点

　　七座墓葬均为长方形竖穴土坑墓，排列规整，南北向，排成一横列。只有2座墓保存完整，其余的墓葬不同程度的遭到破坏。各墓大小不等，最大的长3、宽0.8~0.9米，最小的长1.2、宽0.55米。墓葬深浅不一，最深的0.5米，最浅的已暴露于地表。墓葬无葬具，死者仰身直肢，头向北。墓内殉以数量不等的马、牛、羊的头和蹄，最多达49具。随葬品以铜器为主，有铜剑、刀、锥、斧等兵器和工具，有带扣、兽头形饰、鸟形饰等各种服饰和装饰品，有衔、马面饰等马具，还有金耳环和石串珠，陶器粗糙，多为夹砂褐陶，器型有罐和碗两种。不同种类的串珠出土于骨架颈部周围。

　　关于年代和族属：桃红巴拉出土木材的 ^{14}C 年代测定值为公元前665年~公元前590年，其年代可视为战国时代。早年报道桃红巴拉墓地的资料时，基本上冠之以

地表遗物

马面饰

玛瑙、绿松石、水晶骨珠项饰

"匈奴"的族称，即将族属直接推定为"匈奴"。如田广金《桃红巴拉的匈奴墓》和《近年来内蒙古地区的匈奴考古》两篇文章。后来，田广金在其《桃红巴拉墓群》一文中称之为"先匈奴文化或早期匈奴文化"，乌恩岳斯图认为将其族属称为"林胡"可能更为合适，这也是目前学界比较一致的观点。

现在以桃红巴拉墓地为代表，包括玉隆太、速机沟、阿鲁柴登、西沟畔、宝亥社、石灰沟墓葬、碾坊渠窖藏等在内的，以鄂尔多斯地区为分布中心的春秋战国时期北方民族文化遗存，在学术界被称作为桃红巴拉文化。

‖9‖ 准格尔旗西沟畔墓地

撰稿：岳够明　王颖　王永胜
摄影：兰建芳　杨泽蒙

鄂尔多斯市重点文物保护单位。

位于准格尔旗布尔陶亥苏木西沟畔村公益盖沟东岸。该墓群所在地为无人居住的自然草地，西有一条常年流水的深沟，北侧为水库。

1979年5月，内蒙古文物工作队和伊克昭盟文物工作站调查发现并清理三座墓葬。同年8月又发现一座墓葬。1980年7月清理8座墓葬。两次共清理12座墓葬。

这批墓葬都是长方形竖穴土坑墓，头向北。出土遗物以金器为主，包括动物形牌饰、项圈、耳坠、指套、剑鞘片。银器有动物形饰片和马具。铜器有兵器、马具、耳环、戒指和铜扣等。生活用具有铜镜、玉器、石器和玻璃器等。陶器为夹砂灰褐陶罐、泥质褐陶罐、泥质灰陶罐、瓮、长颈瓶。

西沟畔墓地的年代，郭素新和田广

墓地全景

虎豕咬斗纹金饰牌

卧鹿纹金饰件

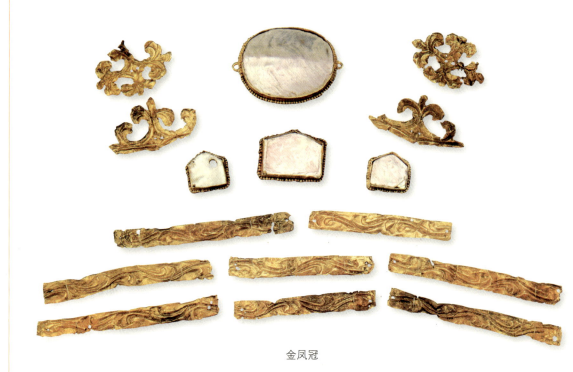

金凤冠

卧状怪兽纹金饰件

包金卧羊带具

直立怪兽纹金饰件

玛瑙、琥珀、水晶珠项饰

玛瑙、水晶珠项饰

虎头形银节约

金认为，1号墓至3号墓为秦统一六国之前（即战国时期）的匈奴墓，其余九座墓为西汉初期。乌恩先生认为西沟畔墓地（4号墓至12号墓）年代为西汉早期，林沄先生认为9号墓应为北朝时期的鲜卑墓，6号墓也不能定为西汉初期。潘玲认为4号墓是东汉时期的墓葬，其附近的5号墓和1号墓也可能是东汉时期的匈奴墓葬。单月英赞同林沄先生的观点。笔者认为1号墓至3号墓为战国时期的林胡墓葬，9号墓应为北朝时期的鲜卑墓，其余为西汉初期墓。西沟畔墓地属于桃红巴拉文化。

‖10‖ 杭锦旗阿鲁柴登墓地

撰稿：岳够明　白志荣
摄影：杨泽蒙

鄂尔多斯市重点文物保护单位。

位于杭锦旗阿门其日格乡阿鲁柴登林场南3公里处，地处毛乌素沙漠的北部边缘。

1972年，阿鲁柴登墓地出土了一批珍贵的金银器。1973年春天，内蒙古文物工作队对阿鲁柴登进行调查。

墓地破坏严重，根据现场发现的人骨和兽骨判断，金银器分别出土于两座墓葬，但墓葬形制和葬俗等无法辨识。

墓地出土的遗物以金器为主，银器次之，此外还有石串珠等饰品。金器有金冠饰、长方形牌饰、虎形牌饰、鸟形牌饰、羊形牌饰、刺猬形饰件、兽头形饰件、火炬形饰件、方形饰件、鸟纹圆扣、金串珠、金锁链、金项圈、金耳坠等。银器共5件，分别为银牌饰和银虎头。石串珠共45枚，分为菱形状、柱状、扇圆形等，质料有红色玛瑙和绿松石两种。金冠上部是一只昂首傲立、展翅欲翔的雄鹰，脚下半圆形球体上浮雕一周狼咬盘角羊图案；下部冠带由三条半圆形图案带组成，主体部分为绳索纹，相互连接部的两端分别饰浮雕虎、马、羊图案。

关于墓地的时代和族属，田广金和郭素新先生认为是战国时期的匈奴文化。乌恩先生认为是战国中晚期（公元前4～前3世纪）的林胡墓葬，这也是目前学术界比较一致的观点。阿鲁柴登墓地属于桃红巴拉文化。

镶宝石金饰牌

金冠

虎牛咬斗纹金饰

刺猬形金饰件

银虎头饰

火炬形金饰件

金耳坠

‖11‖ 鄂托克旗桌子山岩画群

撰稿：甄自明　前途
摄影：马西

全国重点文物保护单位。

桌子山岩画群位于鄂尔多斯市鄂托克旗和乌海市的海勃湾区、海南区，主要分布在六个较为集中的地区，即召烧沟、苦菜沟、毛尔沟、苏白音沟、苏白音后沟和雀儿沟等六个地点。

桌子山岩画，最早在1973年由召烧沟牧民秦福喜发现。1979年后，内蒙古自治区文物考古研究所盖山林对其进行了考察。

桌子山岩画群主要分布于桌子山脉西麓的诸多沟口内陡峭壁崖和山脉东侧丘陵高处盘石岩脉上。桌子山主峰海拔高程2149米，山脉呈南北走向，长约75公里，山势雄伟，因其主峰山顶较平坦，远望似桌子状，故而得名，蒙古名为"乌仁都西"。

岩画主要分布在六个较为集中的地点，即召烧沟、苦菜沟、毛尔沟、苏白音沟、苏白音后沟和雀儿沟等，另外分布有岩画的地点还有：都斯拉其、黑龙贵、希尼乌苏、阿如希尼乌苏、查干浩绕、伊克布拉格、河淳布拉格、希日赫泊、阿塔盖、伊和莫锐、霍日根高勒、苏贝音阿木、特布兴高勒、哈沙图、骏扎布其尔、苏贝音额河、

哈日哈达、乌兰哈达、塔本陶乐盖、阿门乌苏等。单体岩画超过2000幅。

岩画题材内容主要有图腾崇拜、动物、猎牧生活、天体、人体和藏传佛教等类型。图腾崇拜岩画，有表现自然崇拜太阳神类人面像、神灵崇拜类人面像、生殖崇拜类人面像、巫术面具与首领崇拜类人面像和鹿、马等。动物岩画，有北山羊、岩羊、盘羊、鹿、虎、豹、狼、狐、鸟、蛇等野生动物和马、牛、骆驼、羊、犬、驴等家畜。猎牧生活岩画，有狩猎、放牧、祭祀、舞蹈、交媾等生产、生活场景。天体岩画有日、月、星辰、山体、水纹等。人体岩画有手印、男女人体、足印等。藏传佛教岩画有古藏文、藏文六字真言、佛塔、法轮、梵文符号等。岩画的制作方法主要有磨刻法、凿刻法和划刻法。

桌子山岩画群的年代上限在青铜时

乌兰布拉格地貌

乌兰布拉格岩画

代，下限在明清时期。历史上曾在鄂尔多斯高原西部活动的匈奴、鲜卑、乌桓、突厥、回鹘、党项、契丹、蒙古等古代游牧民族都有可能是岩画的作者。在山区范围内随处可见的古藏文、藏文六字真言、佛塔、法轮、回鹘文、梵文符号等，带有浓烈的藏传佛教色彩，是明清时期佛教信徒喇嘛们所刻的作品。

阿尔巴斯山各沟口的岩画，出现了三个不同的岩画名称："桌子山岩画"以阿尔巴斯山最高峰桌子山命名，"鄂托克岩画"与"鄂尔多斯岩画"以行政地名命名。"鄂托克"系蒙古语，"营部"之意，是元明两朝蒙古地区基层军政建制单位。鄂尔多斯原为蒙古部落名称，现为鄂尔多斯市行政建制名称。行政区划名称随时可以变动，作为地方岩画的固定名称随着时间推移很容易发生记忆混乱。北部阴

山和西部贺兰山的岩画均以自然山体命名为"阴山岩画"和"贺兰山岩画"，现已约定俗成，被社会认可并固定下来。阿尔巴斯山位于鄂尔多斯台地西北，黄河几字形西套东侧，南北走向，北起杭锦旗巴音恩格尔苏木，中跨乌海市，南至鄂托克旗阿尔巴斯苏木，平均海拔1800米；阿尔巴斯山由两条南北走向的山脉组成，东山脉长90公里，宽12～14公里，主峰桌子山，为今乌海市与鄂尔多斯市鄂托克旗两地界山；西山脉长30公里，宽9公里，主峰岗德尔山。岩画主要分布于阿尔巴斯山的各沟谷和半荒漠草原的丘陵岩石上。以"阿尔巴斯山岩画"命名较为妥帖。笔者认为桌子山岩画不能包含鄂托克旗其它山脉沟谷中的岩画，而这些山脉沟谷属于阿尔巴斯山的范围，故以"阿尔巴斯山岩画"命

乌兰布拉格岩画

苦菜沟岩画

毛尔沟岩画

苦莱沟岩画

毛尔沟岩画

苦莱沟地貌

名较为准确。但是鉴于"桌子山岩画"已约定俗成，不宜变更，故名"桌子山岩画"更为妥帖。

目前发现的桌子山岩画均为由磨刻或凿刻形成的阴线条构成的画面，笔法简洁、造型粗犷、构图朴实，具有浓郁的北方游牧民族文化特征，是研究鄂尔多斯地区古代历史、文化及自然环境变迁的极其珍贵的形象化史料。

希日高勒岩画

秦汉时期

鄂尔多斯市境内共有秦汉时期遗存356处。

秦汉时期，鄂尔多斯地区成为中原农耕王朝同北方游牧部族相互争夺、碰撞，乃至交流、融合的时期。秦始皇派大将蒙恬北逐匈奴后，修筑了秦长城和秦直道，并在鄂尔多斯腹地建城设县，开始了鄂尔多斯历史上的第一次大规模开发。汉武帝派大将卫青收复河套后，迁徙内地人口来此，兴修水利，引河灌溉，生产食盐，使鄂尔多斯人畜兴旺，西汉时期鄂尔多斯地区人口的发展达到了一个历史的高峰，直到清末民国时期，鄂尔多斯地区的人口数几乎没有达到这个数目。至今，鄂尔多斯境内仍保留下来数量众多的汉代城址、遗址和墓葬。

‖12‖ 鄂尔多斯秦直道遗址

撰稿：甄自明
摄影：岳够明

全国重点文物保护单位。

鄂尔多斯秦直道遗址由南向北主要分布于伊金霍洛旗、东胜区、达拉特旗。南起伊金霍洛旗的掌岗图四队，北至达拉特旗高头窑乡吴四圪堵村，其中在伊金霍洛旗境内长约75公里，在达拉特旗境内长约30公里。位于东胜区境内的秦直道保存最为完整，全长约20公里，基本沿15°方向由南向北行。直道多位于山梁上，其中二倾半村南的一段最为明显，遗迹两端断切下陷，残长百米左右。路面残宽22米，路基断面残高1～1.5米，为当地红砂岩土填筑从遗迹残断北行，迎面山岗上有四个遥对成一线的豁口，宽50余米，人工开凿。

在秦汉时期，鄂尔多斯地区是有名的"河南地"、又称"新秦中"，是"水草

秦直道遗迹

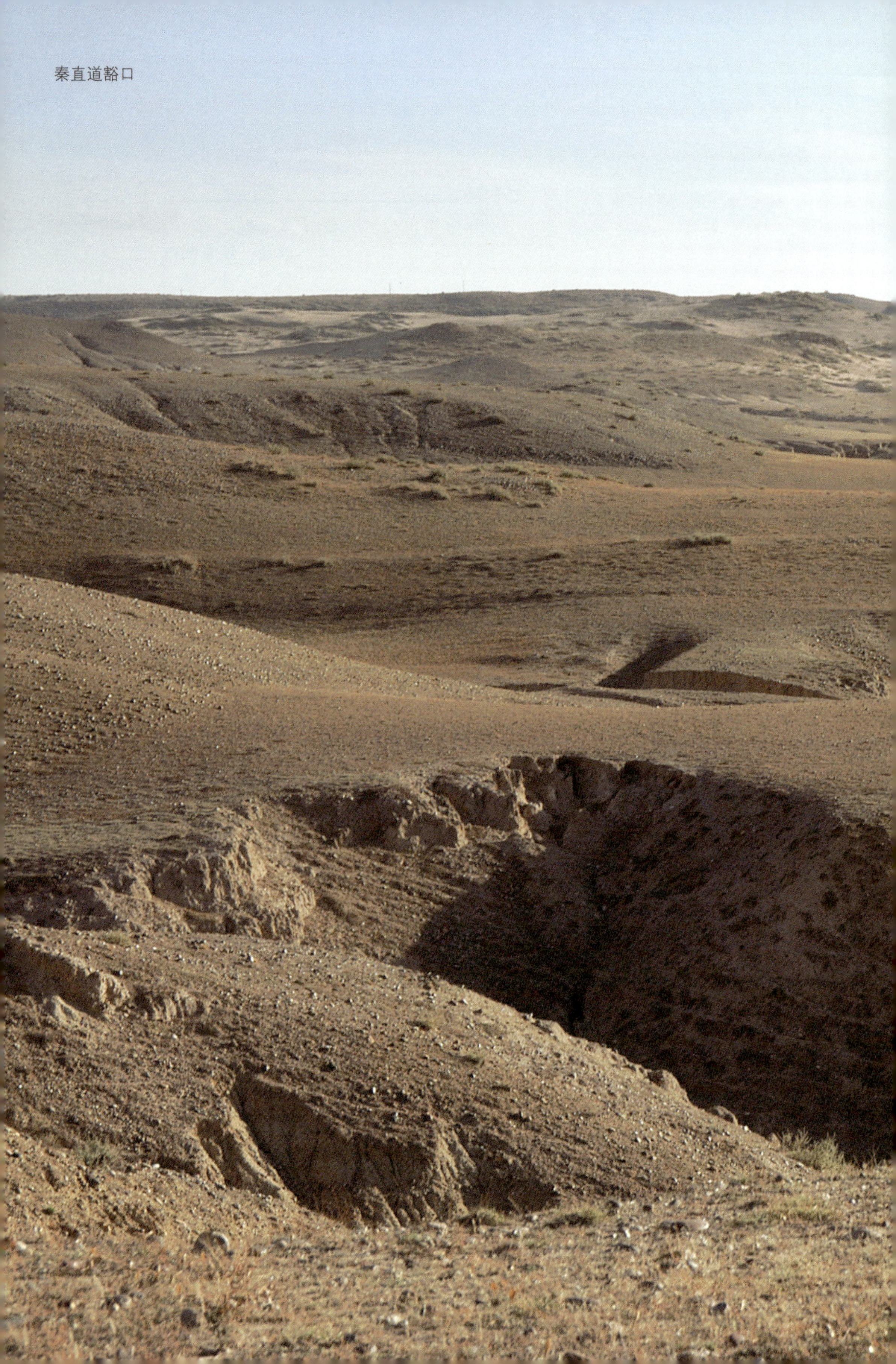

秦直道豁口

肥美"的河套地区，匈奴居住足以养育人口牲畜，南下可以直接威胁秦朝的心脏地区，战略位置相当重要。据记载，匈奴轻骑一日一夜就可到达咸阳附近，因此鄂尔多斯成为匈奴族同中原王朝争夺的咽喉要地。

当时秦始皇面对北方强大的匈奴民族，采取强硬政策，派大将蒙恬率领30万大军进驻河套地区，在今包头附近设立九原郡（郡治在今内蒙古乌拉特前旗三顶帐房址），在黄河沿岸兴筑了44座县城，并且征招10万民夫修筑了绵延千里的"秦直道"，作为防御和打击匈奴的军事专用交通线。如此浩大的工程，在2000多年以前的秦代，仅用两年多的时间完成，这不能不说是我国古代劳动人民创造的又一伟大的历史奇迹。

"秦直道"从咸阳附近今陕西淳化县北的云阳，直达今内蒙古包头市西的九原，穿越今14个旗县，路面最宽处60米，一般也有20米，浩浩荡荡，全长1800里，从秦朝的心脏地区，直抵北方边塞，把京城守卫和边境防御结合起来，它纵贯鄂尔多斯南北，并且直道一般都修在山脊上，坡度很小，另外急弯很少，这样的运输在古代非常方便快捷，能够将对匈奴作战的大批军队和战略物资快速运往前线，是当

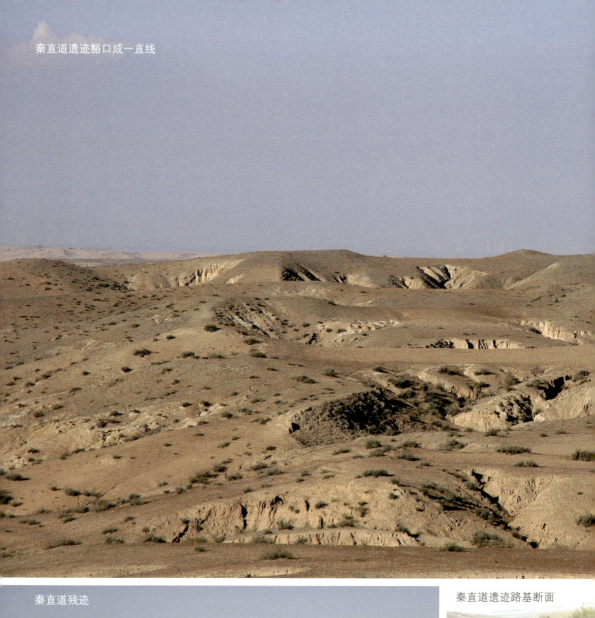

秦直道遗迹豁口成一直线

秦直道残迹

秦直道遗迹路基断面

时联通中原和北方的一条主要交通干线，是世界历史上的"第一条高速公路"，而它穿过的鄂尔多斯地区，伴随着秦朝对匈奴的作战，也最早进行了移民开发。

秦直道被誉为"天下第一路"，在鄂尔多斯境内，秦直道附近的城址，由南向北有伊金霍洛旗的红庆河古城，东胜区的苗齐圪尖古城、城梁古城和达拉特旗的城拐子古城。除苗齐圪尖古城较小外，红庆河古城、城梁古城和城拐子古城均为体量较大的城址。说明在秦直道修好后的几百年里，特别是在汉代，红庆河古城、城梁古城和城拐子古城一直是秦直道附近的重要城址，处于今榆林和包头之间，是秦代咸阳通往九原郡，汉代上郡通往五原郡的中转站，是秦汉时期中央政府同边塞九原、五原的物资囤积地和官员、移民的中途休息地和给养补充地。

秦直道历代一直沿用，秦始皇辒辌车回咸阳，汉武帝派卫青出击匈奴都使用了直道；清代，秦直道成为关中棉花向北运输的必经之路。如今在秦直道东胜段附近兴建了秦直道博物馆和旅游区。

秦直道博物馆

⦀13⦀ 鄂尔多斯秦长城

撰稿：甄自明
摄影：甄自明

全国重点文物保护单位。

鄂尔多斯秦长城主要分布于鄂托克旗和达拉特旗境内，全长近40公里。鄂托克旗秦长城全长约30公里，沿线分布有烽燧若干。墙体均为石块垒砌或石块堆积而成。分布于阿尔巴斯苏木桌子山一带，从巴音温都尔山脚向西延伸至山顶，然后向下延伸至苏白音沟沟谷，沿沟谷一直向西延伸至乌海境内。达拉特旗秦长城全长约10公里，均为夯筑土墙，由东向西分布于新民堡、王爱召和释尼召。

战国末年，秦王嬴政灭六国，统一中国，自比三皇五帝，因而称"始皇帝"，在位期间不仅修筑六条驰道通往六国都城，而且修筑了"直道"，至今秦直道仍然纵贯鄂尔多斯，地表遗迹分布于伊金霍洛旗、东胜区和达拉特旗。

秦始皇三十三年（公元前214年），派大将蒙恬率三十万大军入驻"河南地"（鄂尔多斯地区）及榆中后，"临河上为塞"，开始在河套地区沿黄河南岸修筑长城，之后筑城设县。后蒙恬大军占据阴山后，又在阴山北麓大举修筑长城，并将战国时期燕、赵、秦等国长城连接起来，历时八年之久，秦代万里长城终于建成。

鄂托克旗山险墙顶部

鄂托克旗保存较完整的秦长城

秦代，鄂尔多斯高原的北部和西部均为匈奴统辖地带，而位于鄂尔多斯北部的达拉特旗和西部的鄂托克旗建有秦长城也都在情理之中，且鄂托克旗和达拉特旗均在黄河岸边，鄂托克旗秦长城西距黄河5公里，达拉特旗秦长城北距黄河20公里（这是今天黄河一直北移后的数据，当时长城应当距离黄河更近），故而，这两段秦长城的主要作用是防御匈奴渡过黄河渡口。在蒙恬大军逼退匈奴，占据阴山后，按照"因地形，用险制塞"的原则，修筑了巴彦淖尔、包头、呼和浩特一带的阴山长城，鄂托克旗和达拉特旗的秦始皇长城便不再驻军。

秦始皇长城西起临洮（今甘肃省临洮县）、东到辽东（今辽宁省东部），全长一万多华里，鄂尔多斯鄂托克旗和达拉特旗的秦长城为其一部分。

鄂托克旗乌仁都西秦长城第九段全景

鄂托克旗乌仁都西烽燧

‖14‖ 准格尔旗广衍县故城及周边墓葬

撰稿：李鹏珍　查苏娜　刘长征
摄影：兰建芳

鄂尔多斯市重点文物保护单位。

广衍县故城位于准格尔旗乌日图高勒乡勿尔图沟(瓦尔吐沟村)，又名瓦尔吐沟古城，东南距川掌沟约11公里，古城地处勿尔图沟与牸牛川交汇处，位于牸牛川东岸二级阶地上，高出一级阶地约15~20米，距今河床30~40米，东北依山，西北傍河，碾坊渠从东南部环绕之，

遗址远景

地势险要。

古城地面散布的陶片较为密集,尤其是田畔堆积着很多破碎的瓦当、瓦片,有的断崖上露出的灰土厚达2米以上,整个西墙与南墙及古城的大部分已被㹀牛川和碾坊渠冲塌掉。古城内出土的文物有瓦当12种18件,其中秦式的瓦当10件,汉式瓦当8件,另出土有钱币55枚。古城附近地区有墓葬,主要分布于勿尔图沟南北的八地梁、壕赖梁、杨家塔、上塔和古圪旦。试掘的墓葬18座,均为长方形土坑竖穴墓,无墓道,口略大于底,一般均设有生土二层台,少数墓葬有壁龛,在二层台与壁龛内,留有牛、羊等家畜骨头,有的还有整个牛头与牛蹄。葬具已腐朽,留有木灰痕迹,一般均有木棺,少数有棺有椁。十八座墓葬均是单人葬。多数头向东,面向或左或右或上仰,多数为曲肢葬,弯曲程度不一致。除1座无随葬品外,17座墓随葬有数量不等的随葬品。陶器,为泥质灰陶和夹砂陶,一般放在死者头部,或左右侧的的二层台上,也有的放在头部或左右侧的棺椁之间,其中一件陶壶上刻有"广衍"二字。还出土有铜器、铁器、骨环、石纺轮、石环等以及汉五铢、半两等钱币。铜铁的小件器物和钱币多放在死者头部或腰部。

关于其年代与归属:根据崔睿的考察,勿尔图沟古城为秦代、西汉初期上郡广衍县城,汉武帝时增设西河郡,归西河郡管辖。据城北墓地出土有"广衍"印文的陶壶及《汉书·地理志》考证,此城为秦汉广衍故城。《伊克昭盟志》载,该古城最早建于战国时期,属魏国上郡辖地,西汉时汉武帝将上郡原有的广衍县划入西河郡,东汉末废。

标本

‖15‖ 东胜区苗齐圪尖城址

撰稿：岳够明　齐杭生
摄影：岳够明

鄂尔多斯市重点文物保护单位。

位于东胜区罕台庙镇元圪旦村元圪旦社西南500米处。城址地处丘陵地带，座落在板定沟和文共沟相汇点西北侧500米的坡地上，地表与沟底的高差约20多米。城址北高南低，地势起伏明显。

城址城垣保存较好，平面呈正方形，城墙长约120、宽约120米，面积约14400平方米。北墙保存较好，墙高约1.5、底宽约4、顶宽约1米。四个城墙角加厚，西南角夯层明显，南墙正中有城门，宽约17米。城内地表遍布绳纹陶片和残瓦。

根据城址内地表遗物的综合分析，该城址与秦直道遗址密切相关，应为汉代城址。

采集标本

南城门

东墙

南墙

西南角的夯层

北墙

‖16‖ 准格尔旗美稷故城

撰稿：李鹏珍　徐焱　刘长征
摄影：岳够明

鄂尔多斯市重点文物保护单位。

位于准格尔旗纳林镇政府西北侧，坐落在纳林河左岸阶地上，西距纳林河约500米，东南紧靠纳林镇，现今城内已经开垦为耕地和果园。

古城平面略呈方形，东西长434米，南北宽445米，周长1758米。城墙遗迹清晰可见，城墙夯筑，西墙中部偏南和南墙中间各设一处城门。西北角、东墙夯层明显，夯层厚约10～12厘米，东墙残高5～6米，夯窝为圆形，直径8～10厘米，其夯层为灰黑色层和白色层相间；南墙基宽7米。古城内文化层厚约0.5米。采集有灰陶绳纹罐残片及铁斧等。

据考证，该城为汉代西河郡美稷故城。《准格尔旗文物志》载，城址系汉代美稷故城。公元前125年，汉武帝打败匈奴后，在纳林河沿岸建美稷县城和富昌县城，属西河郡管辖。中宗时，美稷城为西河郡属国都尉治所。东汉建武时，移南匈奴于此，为匈奴中郎将治所。建武二十六年（公元50年），南匈奴五骨都侯子复将其众三千人归南部，北单于使骑追击，悉获其众，南单于遣兵据之，逆战不利，于是复召单于徙居美稷城，因使段彬、王郁

西墙

东墙

北墙

护之。令西河长守岁将骑二千、弛刑五百人助中郎将卫护单于。在美稷城置匈奴单于庭，为当时南匈奴的政治、军事中心。陈峰在《南匈奴附汉初期单于庭的设立与变迁及其历史地理考察》一文中认为南匈奴最后一次南迁（美稷之地）"除政治军事因素外，与这一地区的环境亦有所关联，更为重要的是对这一地区的社会发展产生了重要影响"。此外，魏坚编著的《内蒙古中南部汉代墓葬》一书也记载美稷县城址为纳林乡北古城。《水经注·河水》载，"河水又左得楠水口，水出西河郡美稷县，东南流。"楠水即今纳林河，是黄河支流黄甫川的上游主要支流。

夯土层

‖17‖ 杭锦旗霍洛柴登城址

撰稿：甄自明　白志荣
摄影：连吉林　白志荣

全国重点文物保护单位。

位于杭锦旗锡尼镇霍洛柴登第六嘎查所在地，城址东、南、西三面地势开阔平坦，北面为地势起伏较大的丘陵山地，柴登河由城东流经城北，顺城西向南方而去，城址依山环水。

城址平面形制略呈长方形，东西长约1446米，南北宽约1100米，南、北、西三面城墙断断续续隐约可见，呈土垄状微凸于地表。墙基用粘性较强的白泥夯筑而成，宽约13米，夯层厚0.15～0.16米。城内地表散布数量较多的陶、瓦残片。城西中部地面隆起，地表砖瓦密布，为大型建筑基址，可能是官署区。在其附近发现有铸钱、造兵器的场所，城内的东南和东北部，发现大片的铁、铜渣和破碎的铜、铁残片，应为冶炼、铸造铜、铁器场所的遗址。另外，在城外西侧柴登河东岸的坡地上，发现数座烧造陶器的窑址。

2012年，在该城址内曾发现一处钱币窖藏，经清理发掘出的以及经公安局追缴回的古钱币达数千公斤，这批钱币大多为"货泉"，另外还有少量的"大泉五十"、"小泉直一"、"货布"、"布泉"、"五铢"钱等；后经内蒙古

2012年发掘现场

南城墙

北城墙

自治区文物考古研究所进行抢救性清理发掘，又发现大量的钱币及铸钱作坊窑址，在窑室及附近文化层中共出土了150余块钱范（陶母范）、其他陶范20余块；此次考古发掘还出土了9块有确切纪年的钱范，上有文字"始建国元年三月"、"钟官工……"等字样，"始建国"是王莽年号，为公元9年。

在清理发掘铸钱作坊遗址时，发现铸币窑址四座；其中1号窑址、4号窑址保存

较好，窑顶部分塌陷，其余窑址保存较差；窑室平面为长方形，窑室一侧有火膛、火道、窑门等。发掘出土的长方形窑砖上刻有"六"、"土"等文字，应为修筑窑址时所用砖的编号；四座窑址分布井然有序，窑址附近还发现制晒坯场地，整个作坊遗址布局合理，应是统一规划建造而成，在国内尚属首次发现。

在城内采集到的遗物还有"大泉五十"、"小泉直一"钱范、铜五铢钱、

铁甲片、云纹瓦当、绳纹筒瓦、绳纹板瓦、瓦楞纹板瓦、陶盆、陶瓮、陶壶、陶甑残片等。所见陶器多为泥质灰陶，少数为夹砂灰白陶，胎质较细腻、坚硬，多轮制，烧造火候较高。

在城外东、南、西三面数千米范围内都分布有大量的墓葬，墓葬形制以土坑竖穴墓和斜坡墓道的土洞墓为主，在城南墓区内，还发现一定数量的砖室墓。1971年发掘57座，出土有泥质灰陶和釉陶仓、灶、井、罐、熏炉及铜钫、壶、五铢钱等。2004年，又在城外发掘了部分墓葬，出土了铜钫、铜灶、等一批重要文物。

依据城址及墓葬出土遗物推测，其时代约相当于汉武帝到王莽阶段，即西汉早期偏晚阶段直至新莽时期。

该遗址曾出土"西河农令"印，为阴文篆刻，桥纽，边长2.35、通高1.75厘

铸钱作坊遗址

2004年城址外汉墓发掘现场

2004年城址外汉墓器物出土情况

钱币出土情况

钱范出土情况

窖藏钱币清理现场

出土的部分货布

钱币

钱范

有纪年钱范

出土的有纪年钱范

米。西河郡设置于武帝元朔四年（公元前125年）。《汉书·食货志》记载"初置张掖、酒泉郡，而上郡、朔方、西河、河西开田官，斥塞卒六十万人戍田之。"是西河农官的设置，与属张掖、酒泉郡的设置时间相当。据《汉书·武帝纪》，元狩二年（公元前121年）设武威、酒泉郡，元鼎六年（公元前111年）分武威、酒泉地置张掖、敦煌郡。则西河农官大概也置于元鼎年间。"农令"之称，见《汉书·百官公卿表》："治粟内史，秦官，掌谷货，有两丞。景帝后元年更名大农令，武帝太初元年更名大司农。"因此，"西河农令"官印，大概是从设置西河农官到太初年间的遗物。西河郡在西汉是一

个大郡，属县三十六，人口八十九万；顾祖禹《读史方舆纪要》记载"今访州府西北之永宁州，以至延安府之葭州，及榆林镇之东北境，皆是其地。"即包括山西西部，陕西北部的部分地方；在内蒙境内，这方古印证明其范围及于鄂尔多斯市杭锦旗；这一带大部分在鄂尔多斯高原上，秦汉时常称河南地、新秦中。

据城内出土"西河农令"铜印及有关文物推测，古城应为西汉北方重镇——西河郡的郡治所在。"西河农令"是秦汉时"掌谷货"即专管粮食生产的农官，"西河农令"即指西河郡的农官，说明汉武帝当时在鄂尔多斯地区设置了专管农业的机构。

‖18‖杭锦旗扎尔庙城址

撰稿：甄自明　白志荣
摄影：岳够明

内蒙古自治区重点文物保护单位。

位于杭锦旗锡尼镇胜利扎尔庙嘎查南2公里处，坐落于一盆地的东部边缘处，柴登河南岸，缓丘陵顶部，由此往东北1公里处地势骤然抬升，直趋盆地东岸最高一级台地。往东1公里处有达哈其淖尔湖，西南1公里处有敖格由淖尔湖。

扎尔庙城址也称吉尔庙古城、鸡儿庙古城。城址为内外两重城，内城保存较好，基本呈正南北方向，平面略呈方形。由于地貌自然侵蚀严重，城墙只残存西墙和南墙，据地表暴露的遗迹结合钻探查明，南墙长700米，西墙长600米。北墙和东墙已无法详查；外城西墙距内城西墙的距离约250米。外城南墙与内城南墙的距离约300米。外城城门的位置及数量不

内城南墙

详，内城南、北墙的中部各有一低洼处，似为城门所在。

内城位于外城的西北角，和外城共用东、西北墙，基本呈正南北方向，平面略呈方形。城墙东西长350、南北宽300、顶宽6、残高3～4、墙基残宽约7米，呈土垄状，由白色黏土和沙土夯筑而成，夯层厚约12厘米。内城中心有3处高出地表0.3米的建筑基址，直径5米。

在城内采集到的遗物有：绳纹筒瓦、瓦棱纹板瓦、云纹瓦当、菱形纹砖、泥质灰陶折沿深腹盆、敛口鼓腹罐、瓮、高领壶、盆形甑及夹砂灰白陶敛口直腹缸、敛口广肩圜底缸和"汉半两"、"汉五铢"铜钱。陶器多素面，部分饰绳纹、瓦棱纹、弦纹、弦断绳纹等。

在城址东1.5公里处有顶盖敖包汉墓群，西北约3公里有哈日陶勒亥汉墓群。在外城墙西100米处，也分布着大量的墓葬，许多墓的墓圹都已出露地表，多为带墓道的土洞墓。

根据城址形制与遗物分析，应属汉代城址。

‖19‖ 伊金霍洛旗红庆河城址 ——

撰稿：李鹏珍　查苏娜　李绿峰
摄影：岳够明

鄂尔多斯市重点文物保护单位。

　　红庆河城址（俗称"三套城"）位于
伊金霍洛旗红庆河镇红庆河村白圪针一社
村庄内，城址所处位置较为平坦，树林茂
密，红庆河从城址中间由东南向西北穿
过，现仅存干涸的河床。

　　古城总面积达12673平方米，分为内
城和外城，其中内城保存较好，东、西
墙保存较好，南、北墙保存较差，城墙系
夯筑而成，基宽10米，残高最高处为4.5
米，夯层厚0.015～0.12米不等，城内文
化层厚1.2～3米。小城紧靠村庄一角，西
侧尚有建筑台基。内城北侧约1000平方米
范围内发现厚约1米的兽骨。外城保存较
差，城墙已模糊难辨，多已湮没地下，部
分被村庄所破坏。城内地表采集有绳纹筒
瓦残片、粗绳纹板瓦残片、灰陶罐口沿残
片、陶甗残片、花纹砖残片、灰陶腿足
（残）、"大泉五十"、"五铢"铜钱等
遗物。

　　在红庆河古城西约1500米处发现了秦
直道遗迹。在鄂尔多斯市境内，秦直道附
近的城址只有伊金霍洛旗的红庆河古城，

地表遗物

城北环境

内城东墙

内城西墙

残存的内城北墙

内城南墙

说明在秦直道修好后的几百年里，红庆河古城一直是秦直道附近的重要城址，而红庆河古城距离榆林和包头大体相当，是秦代咸阳通往九原郡，汉代上郡通往五原郡的中转站，是秦汉时期中央政府同边塞九原、五原的物资囤积地和官员、移民的中途休息地和给养补充地。可见，古城在秦直道上的中转作用是不应该忽视的。

关于其年代和归属；从采集到的遗物及遗迹分析判断，城址的时代应为汉代。史念海先生认为它与虎猛县的地望相符，可能是其故址。景爱认为古城西有大片的湖泊沼泽群，自然会有天鹅（鹄）栖息于此并从而得名，是西汉西河郡的鹄泽县故城。现在学术界大部分认为是虎猛县。

‖20‖ 伊金霍洛旗乌兰敖包城址

撰稿：岳够明　徐焱　李绿峰
摄影：岳够明

鄂尔多斯市重点文物保护单位。

位于伊金霍洛旗红庆河镇乌兰敖包村一社西南的林场内。城址地处伊金霍洛旗中西部，为坡梁起伏的鄂尔多斯高原，地表属于干燥剥蚀地带，多为风积沙。

古城整体大致呈长方形，长57、宽54米，面积约2956平方米，方向为南北向，四周城墙清晰可辨，呈上窄下宽的梯形状。南墙中部设门，宽6.8米。城内文化层厚约80厘米。城址残存夯筑南墙基一段，宽约10米，夯层厚4～12厘米。地表采集的遗物有灰陶罐、小口鼓腹瓮、筒瓦、粗绳纹板瓦、"五铢"铜钱等。

关于城址的时代，《中国文物地图集·内蒙古自治区分册》认为是汉代，《伊金霍洛旗文物志》认为是宋代，笔者认为汉代比较合适。

东墙

南墙

西墙

⫼21⫼ 杭锦旗乌兰陶勒盖墓地

撰稿：卢悦　白志荣
摄影：白志荣

鄂尔多斯市重点文物保护单位。

位于杭锦旗锡尼镇东北约8公里处的一座孤立的山包周围，山包相对高度约20米，四周沙化严重。墓地的西北方为霍洛柴登古城，东侧为陶来沟河。

1987年6月，该墓地被发现，同年9月，内蒙古自治区文物考古研究所和伊克昭盟文物站对墓地进行了清理发掘。

墓地共包含14座墓葬。墓葬按其形制可分三类：洞室墓、竖穴木墩墓和竖穴土坑墓。

洞室墓12座，除一座带有耳室外，其

墓葬区全景

余皆为单室墓。葬式均为单人葬，有葬
具。根据墓道形制可分为两种。一种为斜
坡阶梯式，只有一座，已遭破坏，为东西
向，墓道残长2.3、宽1.3米，残存阶梯6
个，间距0.36~0.48米左右。墓室呈长方
形，长4.3、宽1.82米，墓底距现存地表
深1.1米。另一种为斜坡式，其中三座东
西向，其余为南北向。墓道残长1~12、
宽0.65~0.95米。有的在墓口设有墓门
砖封闭。

竖穴木墩墓1座，是一座较大型的
双人合葬墓，平面呈"凸"字形，墓向
346°，斜坡阶梯式墓道。主室平面呈长
方形，长4.6、宽2.22米，墓底距现存地
表深1.68米。在主室和墓道的结合处，有
一排残朽的立板，应为墓室的第二道封门
挡板，同时与墓室连接构成墓室北端。墓
顶木板多为半剖圆木，平面向下，也有较

粗的圆木，东西向横搭在墓壁两侧垒砌的圆木上。东、西、南三壁多为整圆木垒砌而成，其内侧有7～8根圆木立柱。墓底板多为半圆木，平面向上，顺墓坑南北并排平铺。棺长2米，分东、西两棺，东棺比西棺宽度略大。椁内南端的东西两侧各置一棺，呈长方形，用柏木制成，外罩一层丝织品，用鎏金铜四叶蒂形棺钉钉在棺板上，棺板上有朱漆痕迹。棺内人骨部分被破坏，为仰身直肢葬。墓室前后的椁板上均放置随葬品。

竖穴土坑墓1座，位于墓地中部，仅残存底部，为双人合葬墓，平面呈长方形。墓向260°，长3.86、宽1.84、残深0.28米。墓坑四角各有一个半圆形柱洞，内立圆木。在墓室东部并置两个木棺，长均为2米，北棺比南棺略宽。棺内骨架已残，为仰身直肢葬。棺的西侧放置随葬品，从随葬品分析，北棺死者为男性，南棺为女性。

墓葬随葬品以陶器为主，有灰陶和釉陶两种。器形除日常用品外，还有灶、鼎、仓等明器，均为轮制。纹饰以弦纹为主，还有网格纹、波纹，有的器表有磨光暗纹。个别陶器表面还施白色陶衣或彩绘，但多已脱落。另外还有少量的铜器、铁器、石料及漆器、纺织品、丝织品残片等。其中一座还发现兽骨、桦树皮器物，但因残朽严重，形制不清。

根据墓葬的形制和出土遗物推断，墓地的年代应该在汉代。杭锦旗在西汉武帝至王莽时期，是西河郡所辖地，根据距墓地西约30公里的霍洛柴登古城内发现的"西河农令"印推测，此城为西河郡设在北方地区的重要边塞。乌兰陶勒盖墓地与霍洛柴登古城有密切的关系。

陶动物俑

陶人物俑

釉陶灶、仓、壶

陶执箕俑

‖22‖ 鄂托克旗凤凰山墓地

撰稿：李鹏珍　冯吉祥　前途
摄影：王志浩

鄂尔多斯市重点文物保护单位。

位于鄂托克旗木凯淖尔镇巴音淖木村东南40公里处。墓地四周为地势较低的草原和丘陵地区，植被稀疏，大部分地区被沙丘覆盖。

1987年在进行文物普查时，文物人员发现一座壁画墓，1990年对壁画墓进行了抢救性清理发掘，1992年伊克昭盟文物工作站对此墓地进行发掘，前后共清理发掘墓葬13座。

墓葬所在山坡土层较薄，墓室大多开凿在红砂岩层上，无坟冢，均为有斜坡墓

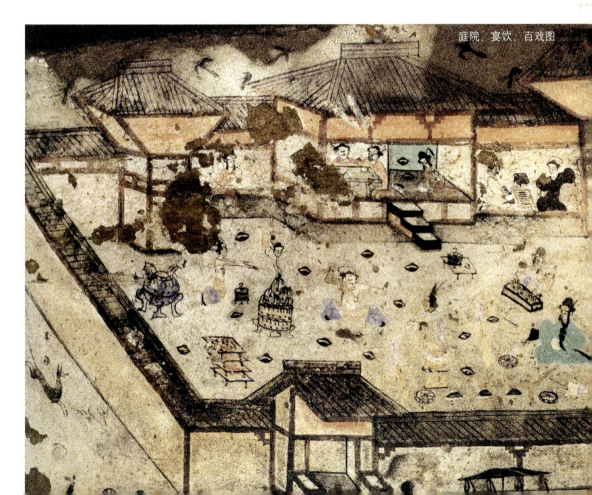
庭院、宴饮、百戏图

望楼、台榭图

道的洞室墓。墓道长度在5～20米之间，宽度在0.8～1米之间。墓室平面多呈长方形，个别的近正方形。墓室大小有差异，有的带有耳室，有的设龛，墓式顶部多呈硬山式顶。墓向多为东北向，少量东南或西南向。墓葬分布较集中，但布局无规律可循。随葬人骨葬式因多次盗掘已不甚清楚。葬具多为木棺，未见椁，发掘时棺的大小形状均已不清。墓葬出土的随葬品不甚丰富，以泥质灰陶为大宗，器表多绘彩，彩绘图案以卷云纹为主，器形有壶、罐、灯、灶、炉、俑等，均属于中原系统，此外还出土少量釉陶器和铜器。更为重要的是，壁画墓（1号墓）墓室所绘壁画保存较好，墓顶为星象图，壁龛内无壁画。其中墓门右侧壁画已脱落，墓门沿边以赭色绘出0.12米的门框。壁画内容有庭院、宴饮、百戏图；望楼、台榭图；戈射图；牛车、马车图；出行图；侍奉图；执

出行图

弋射图

牛车、马车图

侍奉图

执物图

兵器、抵兜图

放牧·牛耕图

物图；兵器、抵兕图；放牧、牛耕图。发现零星人骨和两块棺木，出土陶器、铜器及珠饰等。虽规模不大但壁画内容丰富、布局严谨。壁画墓不见表现生前生活的规模宏大的显赫场面和死后祈求灵魂升天成仙的虚幻境界，多以饮酒行乐、观舞射猎等为主题，表现出一种悠然自得的情调，生活气息浓厚。

关于墓地的年代：原报告认为整个墓葬形制及随葬品的特征大体相同，说明这批墓葬的埋葬时间相差不远，根据墓葬形制及随葬品及壁画风格分析，并与临近地区同时代墓葬相比较可以得出其年代为西汉晚期至东汉前期。

关于1号墓墓主人的身份，学者们从随葬的弩机和壁画中的兵器陈设图分析，得出了大致相同的结论。原报告结合历史文献推测墓主人可能属于"御史、校尉、郡守、县长"之类。蒋璐在《内蒙古鄂尔多斯地区汉墓》一文中认为其主人可能为"地方长官"。

魏晋北朝时期

鄂尔多斯市境内共有魏晋北朝时期遗存16处。

魏晋北朝时期，鄂尔多斯地区成为北方、西北民族南下东进中原的通道，"杂胡"聚集，史称"羌胡地"。前赵、后赵、前秦、后秦都曾占据这里。413年，赫连勃勃筹建的大夏国都——统万城巍然屹立在鄂尔多斯高原南端，是鄂尔多斯高原上唯一的古代都城。北魏灭夏后，鄂尔多斯成为北魏重要的畜牧业生产基地，设置州、镇、郡、县。

‖23‖ 准格尔旗石子湾古城

撰稿：李鹏珍　冯吉祥　王永胜
摄影：王永胜

鄂尔多斯市重点文物保护单位。

位于准格尔旗沙圪堵镇南5公里的石子湾村东，纳林河之东岸。古城所在的阶地高于纳林河床约40~50米，北依庙圪旦、吕家坡等起伏的丘陵，东西有注入纳林河的小沟环绕，东面纳林沟较大。古城依山面水，地势险要。

1962年，盖山林先生对石子湾古城进行了调查，1975和1978年，崔睿两次对古城进行了调查。

古城呈长方形，正南北向，南北两墙各长230米，东西两墙各长180米，周长820米。南墙正中开一门，有瓮城。在城墙西北、西南两角和南门瓮城处，均有露出的夯土断面，夯层厚约15厘米。城墙基宽2~3米，残高1~1.5米。城内文化层厚1~3米。在城内有一中心建筑台地，台地中心有石柱础三排五行。柱础旁边挖出有烧过的土块和柱灰，有的柱子尚未烧完，应为当时的建筑台面。在建筑台地东南有一处灰堆，内含灰土、陶片和大量牲畜骨头，主要是牛、羊和驼骨。建筑台地西北约20公里，有炉渣、铁块、瓦当和瓦片

等。这一中心建筑台地以东偏北，接近古城的地方，有一座土台隆起于地表。古城址东北的吕家坡东南侧有窑址一处，内有木炭和炼结的炉渣。周围地表散布着砖、瓦和陶器残片，其形制与古城内遗址的包含物一致。古城东北约500米的断崖上，露出并列的三座夯土台基，中间微凸，两边低下，上覆盖砖瓦碎片。台基高1.5米。台基上还有四个方形古柱处呈东西一字排列。地表散见大量遗物，有石柱础（两种，覆盆柱础和方形柱础）、长方形砖（素面黑灰色、细绳纹灰色）、正方形砖、人面纹瓦当、隶体铭文"富贵万岁"瓦当。城内发现有卷云纹瓦当、筒瓦、板瓦、滴水、镂空菱形格瓦饰等以及陶器、铁器。

关于其年代，盖山林推断古城可能属于北魏，并根据城址范围较小、生活用品稀少等情况推测，此城可能与军事有关，疑是士兵戍守之所。崔睿根据瓦当的特点，认为该城址的建筑时代当为北魏前期建都平城时期。

墙体

出土陶器

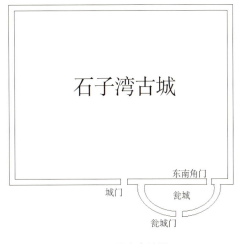

石子湾古城平面图

"富贵万岁"瓦当

人面纹瓦当

隋唐五代时期

鄂尔多斯市境内共有隋唐五代时期遗存30处。

隋文帝开皇五年，为防御突厥，派司农少卿崔仲方在鄂尔多斯高原东南修筑了长城，这段长城位于今鄂托克前旗上海庙镇。东突厥归附隋以后，十万突厥人被安置于鄂尔多斯放牧。大业三年，隋炀帝曾巡视榆林郡，突厥启民可汗前来觐见，隋榆林郡即今准格尔旗十二连城城址。唐初在鄂尔多斯设置了夏、宥、盐、灵、丰、胜等州，还设立了总管府、都督府和节度使，对归附入居的少数民族实行羁縻府州政策。为安置突厥降户，主要是昭武九姓的粟特人，在灵州、夏州之间设置的鲁州、丽州、含州、塞州、依州、契州等的"六胡州"以及兰池都督府均位于鄂尔多斯境内。

24 准格尔旗十二连城城址

撰稿：甄自明　刘长征
摄影：岳够明

全国重点文物保护单位。

位于准格尔旗十二连城乡脑包湾村东。座落在黄河南岸的台地之上，黄河从北城墙外缓缓而过。城址所在的台地地势比较平坦开阔，隔河与呼和浩特市托克托县相望。

1963年，内蒙古自治区文物工作队李逸友和李作智对该城址进行调查。

当地传说，这里共有九座古城，距此东南7公里的城坡村，还有三座古城，故合称为十二连城。目前能找到城垣轮廓比较清楚的只有五座城址。这五座城址相互毗连，略呈方形，但并非同时兴建，而是在不同的历史时期陆续修建和扩建起来的。现将这五座城址分别编号为1、2、3、4、5。五座城址的分布情况为：1号城址位于西南面，与其东边的5号城址相连接，这两座城东西并列，中间仅隔一墙。

城址远景

2、3号城址也是东西并列，位于1号城址的西南角。4号城址位于1号城址内，在2、3号城址的南边。

1号城址面积最大，约占全部城址面积的三分之二，南北长1039、东西宽857米。1号城址的西北角，被晚期的2、3号城址打破，因此，1号城址的西北角的城墙均遭破坏。西墙只剩下靠南部的四小段，高约8、宽22.5米，小圆窝夯筑，夯窝直径6.5、深1厘米左右，夯层厚约10厘米。1号与5号城址合用一条北墙和南墙。北墙保存不好，仅在东北角残存两小段，长146、墙高约18米，小圆窝夯筑，夯窝直径5、夯层厚约9~11厘米。1、5号城的南墙基本完整，全长1165米，高15米左右，宽约33米，平夯筑成。1号城址的南

探发现其下有夯土，是一条湮没于地下的早期城墙；1号城址的东墙，即1、5号城之间的隔墙，长1039、高约4～6、宽约30米，平夯筑成，夯层厚11厘米，这条墙上没有城门痕迹，只有几个豁口，经钻探，是通往1、5号城之间的一座城门。

2号城址的东墙长237、高2～4米，在东墙上有一东城门，东门外面筑有瓮城，瓮城门向南开。属2号城的一段北墙长211、高1～4、宽约15米，北墙上没有城门。属2号城址的一段南墙长约209、高4～8米，在南墙西端有豁口，宽12米，钻探发现下有砖石，为一南城门。2、3号城之间的隔墙已残缺不全，南端只残存很少一部分，北端尚存长129米一段，中间一段无存，钻探发现下有烧土和烧砖碎块，是2、3号城之间的一座城门的遗物。

3号城址的北墙，长248、宽15、高约6米，北墙上无城门。西墙长约191、高1～3米，从夯筑情况看与1号城址相同，是利用了1号城原来的一段西墙。3号城的南墙长266米。

4号城址位于2、3号城之南，在1号城址内的西北部，面积较小，呈长方形。4号城址城墙保存较差，西墙已无存，南北二墙只剩下东边的很少一部分，唯有东墙尚清楚可见，长165、高1～2米，平夯筑成。在东墙中间有一豁口，是一东门。从4号城址的位置、筑法看，是1号城内的一个子城。

5号城址的东墙，其南边的一段与1、5号城之间的隔墙平行，而靠北的一段，由东墙的中部开始向东折。东墙全长1019、高约2、宽22.5米，小圆窝夯筑，

墙，长857米，在中部有一座南城门，在南门中间，残存两个土堆，表明南城门原来有三个城门洞，于南城门外筑有瓮城，瓮城门向东开；在南城门内，距地表约2米处，钻探到一条南北街道。在南城门的东侧约135米处，有一宽18米的豁口，豁口西侧，有一条略高出地表的土垄，由南城墙起向北延伸至4号城址的东墙，经钻

夯窝直径5、夯层厚12～13厘米，在这条东墙上有两座城门，均筑有瓮城，瓮城门均向南开；5号城的北墙只残存一小段。属于5号城址的一段南墙，长308米，在这段南墙上有一处宽17米的豁口。

1号与5号城址的各条城墙，均无马面；这两座城址的外围城墙，构成了十二连城城址的四周轮廓，四边周长4387米。2号与3号城址也是东西并列，合用南、北两条城墙，这两座城址面积较小，在四周城墙上筑有马面，马面间隔约80～90米。2、3号城址原系砖城，早年被拆除，在调查时见到有群众保存的城砖，砖长45、宽23.5、厚11厘米。

城内南部地区的文化层堆积较厚，一般为2米左右，北部地区因水土流失，文化层堆积较薄，为1.5米左右。城址内所见遗物，除少数新石器时代的石斧、陶钵、篮纹陶片外，其余大部分是属于汉、唐至元、明时代的遗物，其中以隋唐时期遗物最为丰富。在1、5号城址内所见遗物有绳纹、布纹和素面板瓦，布纹、绳纹筒瓦和琉璃瓦，云纹、莲花纹和兽面纹瓦当；另有一件釉陶质残菩萨像、一件双耳扁壶、一件陶砚和铜镞、铁镞、铁斧、铁锤等。在4号城址内所见遗物有：莲花纹瓦当和兽面纹瓦当，以及一个绿釉陶质小狗和一个白釉瓷质小山羊。2、3号城址内所见遗物，大部分是元、明时代的东西，其中有忍冬纹、薄花纹砖，草花纹滴水，兽面纹瓦当，瓷片较多，有龙泉窑瓷片、酱釉剔花瓷片、白釉缸绘黑花瓷片和数量较多的钧窑瓷片、青花瓷片等。

从这五座城址的关系看，2、3号城址的城墙筑有马面，原系砖城，城砖较

大，并打破了1号城址的西北角，其时代较晚，从城砖看，象是明代所建；在城内所见遗物，也大都属元、明时期；从形制看，两座小城东西并列，中间隔有一墙，应为同时代兴建的一座城址，由东西两部分组成。1、5号城址的各条城墙在筑法上有所不同，其中1、5号城址的南墙和两城之间的隔墙，是用平墙筑成，其余三面城

墙，系小圆窝夯筑，反映出它们不是同时兴建的；1号城的西墙和5号城的东墙，以及共用的北墙，都是小圆窝夯筑，且东墙和西墙的宽度相同，可能是早期城址的东、西、北三面城墙；现存的1、5号城址，似在原有城址的基础上，加筑了南墙和中间的隔墙。

城址南有姜义贞墓，是一座小型单室砖券墓，墓志用两块长方形砖写成，砖长22、宽16.5、厚5厘米，先将砖的一面磨平，然后用墨笔楷书写上铭文。一块砖上写着墓主人的姓名及身份，做为墓志盖，共一行七个字："故人品子姜义贞"。另一块砖上书写墓志铭文，共五行六十六个字：

胜州榆林县归宁乡普静里故

1号城北墙

人品子姜义贞年卅五开元十九
年岁次辛未二月庚辰朔三日
壬午故其月十一日辛卯殡在州城
南一里东西道北五十步祖在其前铭

　　姜义贞墓志明确记载了该墓与胜州
榆林城之间的距离，姜义贞墓埋葬在1、
5号城外南边约450米处，按唐尺折合，相
当于唐代一里，与姜义贞墓志所述"殡在
州城南一里"的记载相符，从而可以确定
十二连城城址中的1、5号城，即隋唐时期
的胜州榆林城故址。

　　榆林城最早建于隋文帝开皇七年
（587年），当时属云州管辖，至隋开
皇二十年（600年），割云州之榆林、富

夯层

1号城东墙

陶骑马俑

陶仵立男俑

昌、金河三县,另置胜州,治所设在榆林。隋炀帝大业五年(609年),将胜州改为榆林郡,仍辖榆林、河滨二县。在唐开元时期,人口比隋时增加了将近一倍,达四千零九十五户。至唐代贞观三年(629年),仍在此置胜州,管辖榆林。五代时,梁贞明二年(916年),契丹耶律阿保机破振武军,胜州之民皆趋河东,胜州遂废。

胜州榆林城,在隋唐时期是我国北方的政治、军事重镇。《元和郡县志》记载,这里"本汉沙南县地,属云中郡",表明十二连城城址曾是西汉云中郡沙南县。

三彩仕女俑

‖25‖ 鄂尔多斯隋长城

撰稿：甄自明
摄影：甄自明

全国重点文物保护单位。

鄂尔多斯隋长城主要分布于鄂托克前旗。

鄂托克前旗隋长城，最早在2007年全国长城资源调查期间，由鄂尔多斯长城调查队首次发现，是内蒙古自治区唯一的一段隋长城遗迹。

位于鄂托克前旗的隋长城，全长20余公里。由东向西分布于上海庙镇特布德嘎查四十堡小队、宝日岱小队和十三里套小队。墙体为堆筑土墙，泛白色或泛红色，呈鱼脊状突起或土垅状，墙体底宽2~6、高0.3~1米。呈东西向贯穿鄂托克前旗东南部。

隋文帝开皇元年（581年），杨坚废黜北周9岁小皇帝自立为皇帝，建起了隋朝。就在杨坚废北周建立隋朝后，北面夺得突厥汗位的沙钵略可汗，在他的妻子——北周宗室女子千金公主的请求下，借口为周复仇，不断侵入长城侵扰边地，隋朝统治者在反击突厥入侵的同时，开始不断修筑长城，隋炀帝杨广执政之后，长城的修筑也未停止。

据史载，隋朝修筑长城共有七次。在辽宁、山西、陕西、内蒙古、宁夏都修筑

宝日岱隋长城1段，中为隋长城，右为明长城二道边

四十堡隋长城3段

过长城。鄂尔多斯南部鄂托克前旗隋长城属于隋朝第三次修筑的长城。隋文帝开皇五年（585年），隋文帝派遣司农少卿崔仲方领兵三万，到朔方、灵武筑长城，西拒黄河，东至绥州。崔仲方所筑长城在今鄂尔多斯南部及周围地区，该长城西起北流黄河东岸的灵武（今宁夏灵武市），东到南流黄河的绥州（今陕西绥德县），自西向东横亘河套南部。全长约310公里。

隋长城存世较少，由西向东穿过今鄂托克前旗东南部、宁夏自治区灵武市、盐池县和陕西省绥德县、神木县。

隋长城多见于史料记载，却鲜见于地面遗存，因其建筑工期短，修造质量差，多数地段未见到夯打痕迹，似乎只经过人踩马踏草率修成，经过岁月的推移变成秃坦乃至荡然无存。

十三里套隋长城2段，中间为隋长城，右为明长城二道边

‖26‖ 鄂托克前旗乌兰道崩城址

撰稿：甄自明　张旭梅
摄影：岳够明

内蒙古自治区重点文物保护单位。

位于鄂托克前旗敖勒召其镇乌兰道崩嘎查乌兰道崩庙旧址处，处于一片南北狭长的草原滩地中，地势比较开阔。

城墙夯筑，东西长320、南北长420、残高3~4、宽6~8米。北墙及东墙上保存有高0.5~1、宽0.5米的窄土墙，应为后期在废址上所建。城址东南几乎被沙丘掩埋。在古城遗址上有明显的土窑遗迹，土窑周围有残砖瓦和夹砂红陶，考虑到古城北侧的梁地上有规模很大的召庙，故认为土窑应为清代喇嘛教在内蒙古地区兴起以后，修建召庙时所建，古城墙可能也曾为取土之地。

地表以下1米左右出现文化层。城内的残瓦片与陶片数量较少，见有乳丁纹陶片、黑釉陶片及红陶片。

据考证，该城址可能为含州治城，属于唐代"六胡州"之一。

"六胡州"是唐初为安置突厥降户（主要是昭武九姓的粟特人），在灵州、夏州之间设置的鲁州、丽州、含州、塞州、依州、契州等的总称。粟特人是原居于中亚的古代民族，是活跃在丝绸之路上的商业民族，主要由康、安、曹、

东门

东墙

石、米、何、火寻、戊地、史共九个城邦组成国家，每个城邦的居民都以国为姓，所以习惯上称粟特人为昭武九姓。突厥兴起后，由于突厥对粟特地区的占领，粟特人大量进入突厥部落，因而唐初为安置突厥降户，在鄂尔多斯地区所设立的"六胡州"中，其主要居民就是粟特人。"六胡州"属于羁縻府州的性质，粟特人在这里保持了较为巩固的部落组织，并未完成部落民向唐之编民的转变。"六胡州"之

乱后，"六胡州"的部落组织开始逐渐被打破，加之此后不久"安史之乱"爆发，部落中的粟特人分散迁徙，"六胡州"的粟特部落也最终消失。"六胡州"所在之地属半农半牧地带，既是多民族错居杂处而交融频繁地域，又是唐朝的边疆战略要地。"六胡州"的置废变迁，是唐前期关内道北部，乃至整个北方边疆军政形势起伏变化历程之缩影。

采集的标本

北墙

‖27‖ 鄂托克前旗巴郎庙城址

撰稿：甄自明　张旭梅
摄影：岳够明

内蒙古自治区重点文物保护单位。

位于鄂托克前旗敖勒召其镇三段地社区西8公里巴郎庙村，处于巴郎庙梁上，地势比较开阔，城址东侧有敖勒召其镇至银川的公路通过。

古城东西520、南北500米，方向为南偏东10°。四面城墙中间均有宽达10米的缺口，应是门阙所在。城墙基宽约2~6米，残高1~2米，夯层厚度10~12厘米。在西城墙的缺口两侧尚遗有隆起地表的土丘，左右对峙，厚约9米，残高3.5米，应为城门的阙楼建筑遗存。古城南部，有一道南北长墙，将古城分为东西两部分，这应是城内的子城或其他城垣之一。城内有大小隆起于地面的土丘，应是城中的衙署、房舍等建筑遗存。北墙西端以内80米处有一南北30、东西18米的方形土台，附近散布着较多的残砖碎瓦。东南直线距北大池古城35公里。

城内文化层厚约1米。城内方形土台附近的遗物如下：瓦有筒瓦、板瓦两种，反面均有布纹，筒瓦有子母口，筒板瓦厚度均在1.5厘米左右；砖瓦表面皆素面无纹饰。城址中发现"开元通宝"一枚；淡赭色素陶残盆，壁厚1.1厘米，平底，底

东墙

壁转角处特厚。有的陶器底部往往遗有螺旋纹，均属唐代遗物。另外，还采集有板瓦、兽面纹瓦当及泥质灰陶盆、罐，白釉瓷盆、罐、碗，褐釉瓮等残片。

据考证，该城址应为唐代六胡州城址之一的丽州治城。

"六胡州"是唐初为安置突厥降户（主要是昭武九姓的粟特人），在灵州、夏州之间设置的鲁州、丽州、含州、塞州、依州、契州等的总称。关于"六胡州"的具体地理位置，由于史书记载不详，所以一直是史学界悬而未决之谜。近年来，随着大量包括粟特人在内的突厥人墓葬的发掘，以及系统的田野考古调查，这一谜团的答案终于渐现端倪。目前

采集标本

南墙夯层

南墙

北墙

学术界一般认为，"六胡州"中丽州的治城为今鄂托克前旗的巴郎庙城址。粟特人是原居于中亚的古代民族，是活跃在丝绸之路上的商业民族，主要由康、安、曹、石、米、何、火寻、戊地、史共九个城邦组成国家，每个城邦的居民都以国为姓，所以习惯上称粟特人为昭武九姓。突厥兴起后，由于突厥对粟特地区的占领，粟特人大量进入突厥部落，因而唐初为安置突厥降户，在鄂尔多斯地区所设立的"六胡州"中，其主要居民就是粟特人。"六胡州"属于羁縻府州的性质，粟特人在这里保持了较为巩固的部落组织，并未完成部落民向唐之编民的转变。"六胡州"之乱后，"六胡州"的部落组织开始逐渐被打破，加之此后不久"安史之乱"爆发，部落中的粟特人分散迁徙，"六胡州"的粟特部落也最终消失。"六胡州"所在之地属半农半牧地带，既是多民族错居杂处而交融频繁地域，又是唐朝的边疆战略要地。"六胡州"的置废变迁，是唐前期关内道北部，乃至整个北方边疆军政形势起伏变化历程之缩影。

⫼28⫼ 鄂托克前旗大池城址

撰稿：甄自明　张旭梅
摄影：岳够明

内蒙古自治区重点文物保护单位。

位于鄂托克前旗城川镇大池社区大池盐湖东岸处，地势广袤平坦，从城内西望，可见一片白花花的盐湖，现城内外沙丘成片，城西北建有大池盐化厂，城东南为大池村。

当地人称为"烂城"。古城大体呈长方形，东西315米，南北289米，防御设施简单。城墙夯筑，基宽2～5米，残高1.5～2米，夯层厚10厘米。东西墙各设一门。

城内文化层厚达0.5～0.8米。地表散布着砖、瓦和较多的陶片、瓷片及炉渣、黑色灰烬等。陶片中的器形以卷沿及凸圆唇的罐、盆、钵之类较多，均以素面灰陶为主。瓷片不多，仅采集到高圈足露胎的黑釉瓷瓶、酱色釉、粗胎瓷罐等。

城址西北约2.5公里处为其墓地。清理方形券顶砖室墓3座，出土有陶罐、盏、铜带饰、椭圆形饰牌及"开元通宝"铜钱等。

内蒙古文物工作队在20世纪60年代初曾对其进行过初步发掘研究，结合文献资

料，得出该城为唐之白池县城的结论，笔者也持此观点。基于这一认识，根据《元和郡县图志》记载的兰池都督府"在盐州白池县北八十里"的说法，从实地勘测的古城方位上判断，以查干巴拉嘎素城址可能性最大。即大池城址为唐代"六胡州"之中的白池县故址所在地。

据《新唐书·地理志》记载，此城始建于唐高宗龙朔三年（663年），时置兴宁县，唐中宗景龙三年（709年）更名白池县。

东墙

地表遗物

南墙

西墙夯层

‖29‖ 鄂托克前旗查干巴拉嘎苏城址

撰稿：甄自明　张旭梅
摄影：岳够明

内蒙古自治区重点文物保护单位。

位于鄂托克前旗敖勒召其镇查干巴拉嘎苏嘎查东南6.5公里处。周围地形平坦，平地间为突起的沙丘，地下水位浅。

"巴拉嘎苏"即蒙语"古城"之意，村以古城而得名。当地人亦称该城为"五湖城"，盖因土地卑湿、湖泽众多之故，与"兰池都督府"之"兰池"吻合。遗址东西720、南北354米。城墙因风沙掩埋严重而保存较好。出露部分墙基宽约4米，残高1～5米，夯层厚约10～11厘米。可见明显的夯窝，夯窝直径约7～8厘米，成群分布。北墙残高约4.5米，南墙残高约3米，并可见明显的马面残存。马面突出11、宽7、间距58米。西墙甚残破，马面、城门不清。东墙筑有瓮城，遗迹可辨。城中沙丘之间洼地，有青灰色夯土台基出露，其上遍布残砖瓦。其中，青色残砖宽约18、厚6厘米。板瓦有青、灰等色，宽约20、厚约118～212厘米。筒瓦有子母口，厚1～2厘米。残瓦正面光，反面一般为布纹。城中曾出土有铁锅、秤砣、陶罐等，从附近牧民户中收集到皇宋通宝2枚。查干巴拉嘎苏附近地表古钱币、砖瓦等遗物的分布，以及古城东南部发现的

两座墓葬与北大池古城所发现墓葬的形制、葬法均一致，只是随葬物稍有区别，可以认为应系唐代所筑，并沿用至西夏。城址废墟90%以上的地段为流动沙丘覆盖，沙丘高约5～10米，但轮廓在卫星影像上仍依稀可辨。

根据《元和郡县图志·关内道四》"宥州，废，在盐州北百四十里"的注记，可以认为查干巴嘎苏古城即旧宥州

治城。

唐代的宥州分作旧"宥州"和新"宥州"两个阶段；旧宥州是唐前期管理粟特（昭武九姓胡）牧民的行政机构，新宥州则是唐后期元和九年设置的管理党项牧民的州级政区。开元二十六年（738年）"九月丙申，……庚子，于旧六胡州地置宥州"；《旧唐书·地理志》记载：唐朝"自江淮放回原迁胡户，于此（废匡州

东墙

北墙墙体夯层

建筑台基

城）置宥州及怀恩、怀德、归仁三县"，这一州三县管理原"六胡州"昭武九姓人口，改隶夏州都督府统摄。宥州，天宝元年（742年）改称宁朔郡，至德二年（757年）改称怀德郡，乾元元年（758年）复为宥州。唐代宗宝应（762～763年）后撤废。旧宥州驻在废匡州城约18年。后旧宥州寄治经略军城，经略军原驻在榆多勒城，为天宝中王忠嗣奏准迁置，遂亦作为旧宥州的寄治之城；旧宥州寄治经略军城历时32年。唐德宗贞元二年（786年），宥州管内"昭武九姓胡东走石州，降于河东节度马燧"，随着粟特牧民进入河东地域的云、朔二州，旧宥州建制遂被撤销。管理粟特牧民的旧"宥州"大致维持了50年之久。由此可知，旧宥州的治城有前、后之区别，开元二十六年宥州初置之际，驻地在废匡州城，即今查干巴拉嘎苏古城。延至天宝末，宥州寄治经略军城，即榆多勒城，也即今鄂托克旗水泉古城。

地表遗物

‖30‖ 鄂托克前旗城川城址

撰稿：甄自明　张旭梅
摄影：岳够明

全国重点文物保护单位。

位于鄂托克前旗城川镇城川嘎查东北约2.5公里处。周围地形开阔、平坦。

城址平面呈长方形，东西长，南北窄，坐北朝南，接近正南北向。东墙长600米，南墙长760米，西墙长602米，北墙长724米，面积44万平方米。城墙由灰白色沙土夯筑而成，结构坚实紧密。东、南、北墙保存较好，墙上角楼、马面、瓮城历历可见，城垣现存平均高度约8米。西墙破坏严重，但形状仍然清晰可辨。古城的东、南、西三面各开一门，三门均设瓮城护卫，东、西两门的瓮城略小，南门瓮城较大。古城北门虽不设城门，但在北城墙的中部，建有高大的夯土台基，为敌楼遗迹。城外四周修有护城河，宽约3米，护城河痕迹仍然明显可辨，部分地带至今仍可积水。城内西北角有高于地表的山丘，地表有琉璃瓦残件，应是城内主要建筑基址所在。城内现已辟为耕地。考古钻探判定城址为焚毁建筑。

文化层厚1.5～2米。采集有兽面纹瓦当、滴水、筒瓦、板瓦、灰陶罐、瓮、褐

釉剔花瓶、白釉粗胎盆、碗残片及"开元通宝"、"太平通宝"铜钱等。

据记载，唐开元二十六年（738年）置宥州，治所在延恩，宝应（762年）后废。元和九年（814年）于旧宥州东北三百里新置宥州，以安置归附的党项民众。元和十五年（820年）再次将新宥州移治长泽县。宋时属西夏，蒙元时废。据北京大学侯仁之教授和陕西师范大学朱士光教授等考证，城川城址即为唐元和十五年前的长泽县城和十五年移治长泽县的宥州城故址。

新宥州是唐王朝专门为内徙的党项族而设。党项族是古老羌族的一支，拓跋部是党项族中较大的部落。756年"安史之乱"后，唐代宗将居于庆州（今甘肃庆

东墙

东墙夯层

阳）的拓跋朝光所率的党项部众迁往银州（今陕西榆林东南）以北、夏州以东地区，即鄂尔多斯的东南部，号称平夏部。唐僖宗时，曾封平夏部首领拓跋思恭为夏州节度使。中和元年（881年），黄巢攻占长安，拓跋思恭会同唐军镇压起义军，被封为夏绥银节度使。中和三年，拓跋思恭因镇压黄巢起义中有功于唐，被封为夏国公，赐姓李。从此夏州拓跋氏称为李氏，统辖夏、绥、银、宥四州之地。党项族因之在这一地区逐步强大，城川古城也随之成为建立西夏王国的摇篮，西夏时期重要的政治、经济、军事重镇。西夏灭亡时，它也是最后被蒙古军攻破并屠焚的城池之一。

另外，城川城址所在地地处陕北黄土

南墙

南瓮城

东南角台

城内西北部建筑台基

高原和内蒙古东南部毛乌素沙地的交接
地带，属于中国北方生态环境的敏感带
和紧张带。城川城址的兴废，除去战争
等人为因素的干预外，与奢延泽、毛乌
素沙地等自然环境的变迁，具有密不可
分的关系。因此，该城址无论是在研究
中国北方生态过渡带历史时期的人地关
系、民族关系，还是在研究奢延泽、毛
乌素沙地历史时期环境变迁等方面，都
具有非常重要的意义。

‖31‖鄂托克旗黑龙贵节度使墓

撰稿：李鹏珍　冯吉祥　前途
摄影：马西

鄂尔多斯市重点文物保护单位。

位于鄂托克旗棋盘井镇黑龙贵村南1公里处，东临巴音乌素河，三面环黑龙贵山，北为公路。

墓葬占地南北50、东西50米，总面积2500平方米。地表竖立有石刻的羊、马、猪和文官、武官石雕像。雕像均为白色砂岩质，与真人真物比例相当，雕刻细致入微，栩栩如生。文官雕像头戴圆顶帽，面目和善，身着长袍，博袖右衽，腰束带，两手持笏于胸前。武官雕像头戴盔，上身披甲，窄袖，双手持剑柄置于腹前，剑头朝下。另外，在地表还发现龟形碑底座和半块汉白玉石墓碑，碑文多模糊不清，仅辨得"灵州节度使墓铭"数字。据地表散布遗物及碑文判断，该墓地应为五代十国时期灵州节度使的墓葬。

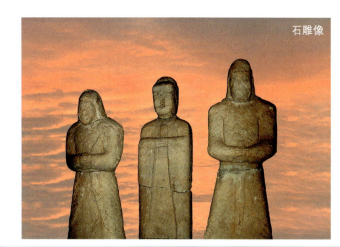

石雕像

黑龙贵节度使墓远景

‖32‖ 乌审旗十里梁墓群

撰稿：甄自明　白庆元
摄影：白庆元

内蒙古自治区重点文物保护单位。

位于乌审旗无定河镇排子湾村东约3公里处。处于十里梁南段的中部，西面有纳林河流过，流动沙丘已基本固定。

十里梁墓群又名"排子湾墓群"，该墓群早期已被盗掘，20世纪90年代初又经历了一次盗墓高潮，多处被盗。面积约为800万平方米。

墓葬中出土拓跋李氏家族墓志铭，证明了该墓群是五代时期至北宋初年，居住在夏州（今统万城）一带的拓拔部李氏家族墓地。关于西夏皇族拓跋部的族源问题，学术界有三种观点：一是西夏拓跋部乃鲜卑拓跋部，而非党项拓跋部；二是西

十里梁墓群全景

十里梁墓葬墓志

夏拓跋部即鲜卑拓跋部，属于古羌族的一支；三是西夏拓跋部的部众为党项羌人，而首领是鲜卑拓跋人。三种观点各执己见，争执不下。排子湾李氏家族墓志铭中，开首用了大段的文字，记述其家族起源经过，并明确表示其家族为"本乡客之大族，后魏之荤系焉"。这是截至目前所知时代最早的西夏拓跋李氏家族自己对本族起源的记录，具有较大的权威性，极大地补充了历史文献记载的不足，对于研究西夏拓跋部李氏家族的族源、世系、与汉族文化的融合过程，以及相关夏州地区的历史、地理变迁等，都具有极高的史料价值。

五代至北宋时期的夏州城，就是位于今内蒙古自治区乌审旗南部，被当地群众称为"白城子"的"统万城"。统万

十里梁墓葬墓志

城是十六国时期由匈奴人后裔赫连勃勃建立的大夏国都城，北魏灭赫连夏后，先改统万城为统万镇，不久即设为夏州。夏州之行政建制在隋、唐、五代、西夏时期大体相沿不变，在这期间夏州城一直是鄂尔多斯高原南部地区非常重要的政治、军事中心。

宋辽夏金元时期

鄂尔多斯市境内共有宋辽夏金元时期遗存160处。

宋辽夏金元时期是宋、辽、西夏、金、蒙古等王朝对鄂尔多斯地区进行激烈争夺和走向统一的时期。西夏前身平夏部由于剿灭黄巢平叛有功，获准统辖夏、绥、银、宥四州之地。日积月累，平夏部在鄂尔多斯南部发展起来，后建立西夏王朝。在鄂尔多斯市八个旗区中均发现了西夏遗址、城址和墓葬。该时期发生了两次夏辽大战，战场均在鄂尔多斯腹地。宋和西夏也时战时和，今天分布于准格尔旗纳日松镇的丰州城、永安砦、保宁砦及其防护预警的烽燧线，见证了西夏与北宋对准格尔旗东南部的争夺。1226年，成吉思汗率大军经过鄂尔多斯攻打西夏，留下了成吉思汗陵、阿尔寨石窟、百眼井、苏里格敖包等多处文化遗产。

‖33‖ 准格尔旗丰州城

撰稿：甄自明　王永胜
摄影：岳够明

鄂尔多斯市重点文物保护单位。

丰州城及其两座卫星城——永安砦、保宁砦均位于准格尔旗纳日松镇境内。丰州城位于纳日松镇二长渠村西的山梁上，又名二长渠古城。古城依山势而建，城垣东、北、南三面临沟，仅西墙连接山坡，其中北面、东北面为小冲沟，南面为古城沟，地势崎岖起伏，总体上中部较高，四周较低。古城平面呈狭长的横目字形，由东、中、西三个小城组成。由于依山势自东向西高度递增，从而形成三层台阶，东、中、西三城分别处于三级台阶之上，由此亦可依次称为下、中、上三城。中城、西城连在一起，东城西墙距中城东墙约50米。城垣夯筑，保存清晰，只有几小段遭冲沟冲毁；夯层明显，厚0.07~0.15

丰州城南墙及远处的烽燧

米。现存城墙基宽约10米，高2～7米。中城北墙、东城西墙的城门上设有瓮城。城内遗迹不清，地表遗物散布较为丰富，采集有砖、瓦和黑釉、酱釉瓷片等。二长渠古城内出土了"大观四年十一月三十日常八哥骨殖"陶罐，陶罐是居住在宋丰州城内庶民百姓的骨灰罐，从而证明二长渠古城就是宋丰州故城。

永安砦位于纳日松镇古城渠村西南的山梁顶部，又名古城渠古城。古城平面呈不规则四边形状，四周城垣保存清晰，东墙长103米，南墙长270米，西墙长99米，北墙长244米。城墙夯筑，残高约5～10

米。东墙设门，并加筑瓮城。城墙四角设有角台。城内有一道东西向隔墙，将古城分为南北两部分，现隔墙仅存西段。城内西部有四处建筑基址，呈圆球状堆积，文化堆积厚约1米，地表散布有砖、瓦和陶、瓷片等。

保宁砦位于纳日松镇古城梁村北的山梁上又名古城梁古城。古城依地势而建，中间高，向四周逐渐降低。古城平面略呈"凸"字形，城垣周长1020米。墙体残高2～10米，东、南、西墙中部各设门，西门外加筑有瓮城。城内中部的山顶上加筑子城，与全砦共用西墙，平面近似方形，

南北长108米，东西宽102米，南、北墙中部各开一门。城内有建筑基址。城南有护城壕，宽5～6米。地表散布有砖、瓦、陶片、瓷片等。

宋辽夏金时期，西夏、辽、宋、金之间频繁的战争，乃至蒙古军队灭西夏的关键性战役都发生在鄂尔多斯地区。在他们之间关系紧张的时候，鄂尔多斯高原成为反应最敏感和争夺最激烈的地区。

960年，赵匡胤建立北宋王朝，企图削弱和消灭平夏部，采取了优抚与压制相结合的策略，与平夏部发生多次战争。1038年李元昊称帝，建立西夏王朝，遭到

丰州城南墙

永安砦北墙

宋朝的强烈反对，西夏和宋在鄂尔多斯南部发生了数次大战，带来了严重破坏，后夏宋议和。1004年，宋辽订立了"澶渊之盟"后，夏辽关系紧张起来，爆发了两次夏辽大战，其中河曲大战尤为惨烈，战场在鄂尔多斯腹地，由于西夏纵火焚烧鄂尔多斯草原，带来了严重的经济和生态破坏。后西夏与金又在鄂尔多斯地区爆发战争。1226年，成吉思汗亲自统兵十万经过鄂尔多斯进攻西夏，第二年，蒙古军队进占中兴府，西夏灭亡，鄂尔多斯为蒙古占据。这个时期，鄂尔多斯东部成为西夏、辽、宋争夺的重点地区，而准格尔旗南部由丰州故城和保宁砦、永安砦两座卫星城及其烽燧线，组成的多重军事防御体系，成为宋朝西北边防的重要据点。

　　丰州之名，源于辽丰州天德军。丰州地方本是河西藏才族聚居地，其首领曾由契丹授予左千牛卫将军。宋开宝二年（969年）归附宋王朝，藏才族首领王承美被宋朝任命为丰州衙内指挥使，开始兴筑丰州城，由于土地贫瘠，依赖朝廷供给，30年后，丰州城才筑成。王承美在对辽作战中取得多次胜利，景德元年（1004年）宋朝升任王承美为丰州刺史。1038

永安砦南墙

年，西夏建国，李元昊称帝，1041年，西夏攻陷丰州，丰州归入西夏版图。1061年，宋朝趁西夏政局不稳，出兵收复丰州，以郭恩为内殿承制知丰州，加强军事防御，修复丰州城垣，并新筑了保宁砦和永安砦，以及多处烽堠（烽燧）。北宋末年，西夏与金相约攻宋，1129年，丰州划入金王朝版图。1146年，金将丰州赐予西夏。在蒙古灭亡西夏后，丰州再未建制。

依据《宋丰九域志》"丰州领有两砦，保宁砦在州东一十七里，永安砦在州南一十七里"等记载，确定二长渠古城

保宁砦西墙

保宁砦北瓮城

北面7公里处的古城梁古城(石洞梁古城)为保宁砦,二长渠古城西面7公里处古城渠古城为永安砦。

北宋时期,鄂尔多斯全境几乎为西夏所辖,丰州故城即为北宋时期兴筑的丰州城邑,也是内蒙古地区唯一的一座宋朝州城,在研究鄂尔多斯宋、西夏、辽、金社会发展史、关系史、民族史、战争史、长城史等方面,无疑具有不可替代的重要价值和地位。

⫷34⫸ 鄂尔多斯北宋烽燧线

撰稿：甄自明
摄影：甄自明

全国重点文物保护单位。

鄂尔多斯北宋烽燧线，在2009年全国长城资源调查期间，由鄂尔多斯长城调查队首次发现，为内蒙古自治区唯一的一条宋代长城遗迹。

鄂尔多斯北宋烽燧线主要分布于准格尔旗东南部。从准格尔旗南部纳日松镇向北延伸至暖水镇，沿线有二十几座烽燧、每隔约2~5公里一座。

在烽燧线南端，分布有宋代城址3座，分别为丰州故城、永安砦和保宁砦。永安砦、保宁砦距离丰州城均为7公里，永安砦、保宁砦相距10公里，互呈"犄角"之势，三座古城的西、北、南均有烽燧遗址分布。烽燧的预警、卫星城的护卫、丰州城的坚守形成了一条宋朝针对西夏和辽的多重军事防御体系。

宋辽夏金时期，鄂尔多斯高原的西部、中部等大部分为西夏领地，东北部小部分为辽占据，东南部位于黄河西岸的小部分却属于宋朝管辖，因而西夏、辽、宋、金之间频繁的战争，乃至蒙古军队灭西夏的关键性战役都发生在鄂尔多斯地区。在他们之间关系紧张的时候，鄂尔多斯高原成为反应最敏感和争夺

最激烈的地区。

960年，赵匡胤建立北宋王朝，企图削弱和消灭平夏部，采取了优抚与压制相结合的策略，与平夏部发生多次战争。1038年平夏部李元昊称帝，建立西夏王朝，遭到宋朝的强烈反对，西夏和宋在鄂尔多斯南部发生了数次大战，带来了严重破坏，后夏宋议和。1004年，宋辽订立了"澶渊之盟"后，夏辽关系紧张起来，爆发了两次夏辽大战。后西夏与金又在鄂尔多斯地区爆发战争。1226年，成吉思汗亲自统兵10万经过鄂尔多斯进攻西夏，第二年，蒙古军队进占中兴府，西夏灭亡，鄂尔多斯为蒙古占据。

宋开宝二年（969年）归附宋王朝的藏才族首领王承美被宋朝任命为丰州衙内

羊市塔2号烽火台南壁

大路峁2号烽火台

指挥使，开始兴筑丰州城，30年后，丰州城筑成。王承美在对辽作战中取得多次胜利，景德元年（1004年）宋朝升任王承美为丰州刺史。1038年，西夏建国，李元昊称帝，1041年，西夏攻陷丰州，丰州归入西夏版图。1061年，宋朝趁西夏政局不稳，出兵收复丰州，以郭霭为内殿承制知丰州，加强军事防御，修复丰州城垣，并新筑了保宁砦和永安砦，以及多处烽堠

（烽燧）。这时，在准格尔旗南部修筑起了20余座烽燧。

位于鄂尔多斯市东南部的丰州城、保宁砦、永安砦及其附近的烽燧线，成为宋朝对付西夏和辽的重要边防据点。烽燧的预警、卫星城的护卫、丰州城的坚守形成了一条宋朝针对西夏和辽的多重军事防御体系。

‖35‖ 准格尔旗油松王

撰稿：甄自明　王永胜
摄影：王永胜

内蒙古自治区重点文物保护单位。

位于准格尔旗纳日松镇松树塔村，当地人称"大松树"。油松王生长在黄土高岗上，这里干旱少雨，植被稀少，气候恶劣，水土流失严重，多为荒山秃岭，唯有油松王枝繁叶茂，与周围自然环境形成了鲜明的反差。

油松王古朴奇特，据1979年中国林业科学院油松调查组测定：树高26米，胸径1.34米，材积13.5立方米，同时，专家们又用生长钻取其年轮测知，树龄904年，为中国油松之冠。该树为北宋神宗熙宁年间自然所生，为目前所发现的中国最古老的油松，故称"油松王"。

解放后，各级政府先后投巨资对油松王及周围环境进行建设和保护，筑起砖围

油松王远景

油松王

药王庙

墙，为大松树数基培土；并对四周的荒山进行水土保持治理，大面积植树造林，美化环境。在油松王北近百米处还有一株古柏，现围绕两树建起一座大寺院。寺院分前后两院，前院设有三皇庙，后院设有松王庙、药王庙、经堂、祭台等。

当地四周丘陵起伏，植被稀少，唯有油松王岿然高耸，苍翠挺拔，当地群众称为"神树"，四时供奉，常年香火鼎盛。每年农历五月十三和七月十五为"油松王"庙会节，届时各种文艺团体、个体商户和游客云集此处，盛况空前。油松王历经沧桑，以顽强的生命力，挺拔在鄂尔多斯高原，顶风抗旱，根深蒂固，成为鄂尔多斯地区的名胜之一。

主殿

‖36‖ 准格尔旗城坡城址

撰稿：李鹏珍　查苏那　王永胜
摄影：岳够明

鄂尔多斯市重点文物保护单位。

位于准格尔旗哈岱高勒乡城坡村东500米，西北距哈岱高勒乡所在地约10公里。城址坐落在黄河转湾处的西岸的山坡上，城址因此得名。城址与黄河水面高差约60米，隔河与东岸的城湾古城对峙，地势险要。

1983年伊克昭盟文物站和内蒙古文物工作队对城坡城址进行了调查，1987年内蒙古自治区文物工作队再次对城址进行调查，1997年内蒙古文物考古研究所对该城址进行了考古发掘。

城址依山势而建，形状不规整。由南北两城组成。北部为大城，平面呈四边形，北墙长300米，东墙长200米，西墙长210米，南墙长200米，基宽约3米，残高约1～7米；西墙残存较高，北部弯曲，高低规整；西墙正中设门，外加筑长方形瓮城，长50米，宽40米；四角设有高大的土台，为角台或城楼。南部为小城，其北墙即大城南墙之东端，并又向东延伸90米，平面呈长方形，东西290米，南北50米；城墙基宽2米，残高1.5米。两城城墙均为夯筑，夯层厚15～20厘米。城内文化层厚约1米。地表散布主要遗物建筑构件和

砖、瓦、陶、瓷、铁等残片；龙泉瓷的白瓷片和大量地方烧制的酱釉露胎粗瓷片，器形有罐、碗、盘、碟、盘；水波鱼纹印花瓷片、兽面纹灰瓦当。古城中曾发现元代官府铜印。

关于年代和建制，刘玉印认为此城址建筑年代为西夏时期，是西夏时期金肃州管辖下的军事重镇，为辽夏金所争之军事要塞。郑隆根据城堡所处的地理位置推测城坡城址可能是西夏的金肃州管辖下的军事重镇。原发掘报告认为，"城内发现的陶瓷器等与城湾古城大同小异，二者在古城城墙的建筑方法及出土遗物等有许多相同或相近之处，说明两座古城同处一个时代。……且都是为防御而修建的。"冯文勇推测城址为西夏唐隆镇，这是比较符合实际的。

城址地貌

西墙角楼

东墙

西墙

北墙

南墙

瓮城

⫶37⫶ 乌审旗三岔河城址及墓群

撰稿：甄自明　白庆元
摄影：甄自明

内蒙古自治区重点文物保护单位。

位于乌审旗无定河镇大石砭村9小队西1公里处，北临萨拉乌苏河（无定河），西接毛乌素沙地，东南地势平坦开阔，为大片的农田耕地。

1995年，内蒙古自治区文物考古研究所和鄂尔多斯博物馆对三岔河古城南侧河两岸被盗古墓葬进行了抢救性清理，并对城址进行了调查测绘。

古城平面呈西端宽、东端窄、东西较

无定河

长的长梯形，北墙和南墙长643米，西墙长518米，东墙长304米。以东墙为基线，为南偏东5°。城墙为土夯，墙基宽约18米，向上渐斜收，现存高约5～10米。墙体夯筑，基底约1.3米为黑花土不分层混筑，其上以黑灰土和黄土相间分层夯筑，夯层清晰。黑灰土层厚约15厘米、黄土层厚约10厘米。墙外有护城河沟，紧贴墙体，宽约20米，现多已填满流沙，仅略显低洼，河沟外侧仍可见显露地表的土垄。据调查观测，城门应在西墙中部，但因西墙中部约300余米被河水冲毁，故城门形制不详。在东墙中部略偏南处和南、北两墙中部略偏东处，各有凸出墙体的高大半圆形土包一处，其顶部与墙体平齐，连

为一体；其中北墙土包之顶部有一宽约20米、长约10米的长方形小平台，可能是城防建筑；其余两处顶部略有下凹，从位置和形制看，三处基址可能为城门遗址。

古城西北角和西墙外侧，均被流沙掩盖，城内多数地段覆盖厚约1米左右的黄沙。城内见有多处建筑基址，以西南部较为密集，地层堆积约1.5米左右。在古城外南侧和东侧约1公里范围内，见有较多的建筑遗迹。

城内建筑构件较多，因沙土掩盖而少见陶瓷片。在城外采集的瓷器残片同城内遗物基本相同。采集到的遗物有瓷片、建筑构件和铁器等。瓷器以黑釉为主，多施铁绣花，有的器表剔花或刻花；其次为酱黄釉和黄褐釉，多素面或刻花；其余有白釉、青釉、影青、青蓝釉、青花、斗彩和三彩，器形有罐、壶、碗、盘、碟、灯盏等。器物近底部多露胎，碗、盘、碟等小型器多采用叠烧法制成，内底留有涩圈。花纹常见草叶、花瓣和鱼纹。建筑构件有瓦当、滴水、鸱吻和小型塑像等。另有少量的玻璃器残片和铁镞等遗物。

在三岔河城址南约1～4公里的范围内，分布有较多的墓葬，但因常年的风蚀和沙化，以及盗掘，大批墓葬遭严重破坏。1995年6月，内蒙古自治区文物考古研究所和鄂尔多斯博物馆进行了抢救性清理发掘，以三岔河为界，在河东清理墓葬4座，河西清理墓葬5座。大部分墓葬基底距地表仅20～50厘米，并经盗扰破坏。墓葬基本为南北向，略偏西，均仰身直肢，头向北。墓坑一般长1.8～2、宽0.6～0.7米左右。河东墓葬除一座为砖室墓外，其余3座均为长方形土坑竖穴墓。河西墓葬

古城与无定河

东墙与北墙

北墙

城西地表遗物

亦为长方形土坑竖穴墓，但在墓的四壁均以长30、宽18、厚4～5厘米的土坯平砌墓圹；仅三座墓有少量随葬品。

古城所采集的建筑构件中，盘龙和兽面瓦当以及连弧形花草纹滴水等，均是元代古城建筑基址中常见的构件。城内采集的陶塑像，身穿半袖右衽半长袍，其半袖坎肩式服饰同正蓝旗羊群庙祭祀遗址出土的汉白玉雕像的造型相仿，为元代典型服饰。从墓葬和古城内出土的瓷器来看，元代以前，这里属西夏管辖，现今所存古城，应是蒙古灭西夏后所筑。

据专家考证，该城址建于西夏，元代曾为安西王阿难达的察汗脑儿故城，后收归朝廷直辖，设察汗脑儿宣慰司。

‖38‖ 乌审旗翁滚梁古墓群

撰稿：甄自明　白庆元

摄影：白庆元

内蒙古自治区重点文物保护单位。

位于乌审旗苏力德苏木沙尔利格嘎查翁滚梁小队翁滚梁上。墓群周围是较平缓的草地。

1994年，内蒙古博物馆与鄂尔多斯博物馆联合对该墓群进行了抢救性清理发掘。

"翁滚"为蒙古语，为"坟地"或"祭祀"之意。墓群位于一座高约20米的土丘上，面积24万平方米。

据考古调查和文献资料，该墓群是成吉思汗第十六世孙，鄂尔多斯万户巴尔斯博罗特等及后代的陵墓区。长眠于该陵区的有许多鄂尔多斯蒙古部的著名人物，如编著《十善福白史》的库图克台彻辰洪台吉。该陵区自清代以来被官方划为禁区，旗衙门设梅林一名专管陵区，并设若干名守卫看护。

全景

内蒙古博物馆与鄂尔多斯博物馆联合组队，于1994年7月初至8月中旬，对乌审旗翁滚梁北朝墓葬进行了清理发掘。发现了10余座墓葬，此次共清理了6座，呈东北—西南向排列。墓向西南或东南，有长斜坡墓道，多数为圆角方形弧顶单洞室墓，个别为长方形斜坡顶，有的在墓室侧壁上凿壁龛，内置陪葬者，葬具为木棺。出土有灰陶罐、钵、铁棺钉、"五铢"铜钱等。其中6号墓门两侧彩绘浮雕武士门神1对；右侧壁立一石板，上彩绘浮雕猛兽和人面兽。根据出土遗物和墓葬形制结构分析，古墓葬的时代为南北朝时期。另据内蒙古博物馆张景明分析，由于该墓葬于1992年出土了"大夏真兴"墓志，证实此地为大夏国境；6号墓墓门两侧的浮雕武士壁画，与呼和浩特市大学路北魏墓出土的镇墓俑的风格完全不同，故翁滚梁墓群的镇墓俑壁画，形象处于初创阶段，

被掩埋的盗坑

标本

与北魏墓葬镇墓俑有较大的区别；翁滚梁墓葬的墓制和壁画内容及出土遗物，既有十六国时期的风格，又有北魏的特征，应为大夏时期的墓葬。在墓地东、西两侧发现有西夏至元代的祭祀遗址，至今这里仍为当地蒙古人的祭祀地。

‖39‖ 鄂托克旗阿尔寨石窟

撰稿：甄自明　前途
摄影：杨泽蒙　甄自明

全国重点文物保护单位。

位于鄂托克旗棋盘井镇苏亥图嘎查境内，又名"百眼窑"，所在地为高低不平的山丘旷野，有一座孤立的圆形红砂岩小山，山的四周为陡峭岩壁，石窟就凿在石山四周的峭壁之上，高出地表约40米，南北长约200米，东西长约450米；山前有一河床，河水已干涸。石窟四周都有牧民居住，南3公里处为乌兰镇至阿尔寨石窟的柏油路。

阿尔寨石窟寺，占地面积约165万平方米。是内蒙古自治区境内规模最大的石窟寺建筑群，现有石窟67座，覆钵塔浮雕24座、楼阁式佛塔浮雕1座，山顶有建筑基址。

石窟不规则地分布于岩壁上、中、下三层，以南壁最多。石窟的构造可分为大、中、小三种，均为方形。大型石窟只见一座（第19号窟），位于南壁正中，门向南，可能为主窟，内部已经倒塌；屋檐

石窟远景

和门框可能为木建筑结构；门外有台阶，可直达山下，并可左右通往其他洞窟；其余石窟均分布于该窟两侧。中型石窟，一般为30平方米左右，高约2.5～3米，制作方正，前壁正中凿拱形门，后壁正中雕出主佛龛，主龛两侧布有上、下两排佛龛；左右两侧壁也对称地雕凿有佛龛两排；整个窟顶和佛龛抹一层泥，画佛像；窟顶正中雕出64×64厘米莲花藻井，藻井周围分成32×32厘米方格，方格内画佛坐像。小型石窟，一般为10平方米左右，高1.5～2米，进深4～5米。周壁制作平整，人工凿痕规整有序，无佛龛，壁上抹泥刷白，绘有各种各样的彩画。大部分已风化剥落。除藏传佛教内容外，在壁画上发现有藏文题迹和回鹘蒙文榜题，及多幅壁画。阿尔寨石窟是世界上保存回鹘式蒙古文榜题最多的一处遗址，榜题集中出现在第32号窟内。

　　壁画的绘制方法为先用掺麦秸的粘土将洞窟壁画抹平，然后用白垩粉涂白，再施以彩绘。所使用的色彩多为绿、黑、白、红等色，颜料为矿物质，经久不褪色。壁画题材以反映佛教内容为主，如佛像、天王像、佛经故事、明王像、僧侣

蒙古贵族受祭图

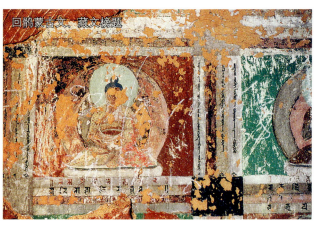
回鹘蒙古文、藏文榜题

等，最为珍贵的是多幅描绘世俗人物供养、祭祀、舞蹈、礼佛的壁画。在元代壁画中，以方形网格将壁画分成若干方格，方格之间留一宽栏，上面整齐地书写着回鹘蒙古文榜题，内容有赞礼佛的颂诗，也有回鹘蒙古文"红"、"绿"、"蓝"等字，是为画师上色彩前标注的颜色记号字。12座石窟内有壁画，壁画内容有藏传佛教密宗图、回鹘蒙古文榜题、十八罗汉图、供养菩萨图、各族僧俗礼佛图、蒙古贵族受祭图、蒙古族丧葬图、八思巴说教图、六道轮回图、千手观音图等。

在石窟外的岩石上，以高浮雕的手法凿出覆钵式塔24座，高约1.5～1.8米，早期塔与宁夏发现的西夏时期的此类塔风格和造型相同，中期和晚期的塔为元代至明代所雕。在一些塔的腹部，凿有椭圆形石洞，内装骨灰和绢纸残片，应为高僧的骨灰灵塔。在1座塔的腹部，凿刻有密宗早期派别黑教的驱魔标志，为首次发现，是判别其为西夏时期的断代标志之一。在浮雕石塔中，还有1座楼阁式13层塔，高1.6

顶部建筑基址

蒙古族丧葬图

第28号窟壁画

各族僧俗礼佛图

米，造型与北宋、西夏时期的相同。

在山顶平坦处，发现有大型庙宇建筑遗址、有火焚迹象。建筑基址残墙高1米，为长方形石条垒砌。庙宇遗址共由3部分构成，依次排列。呈正南北向，总面积约1200平方米。

据考证，阿尔寨石窟的兴盛或再度兴盛与一位名叫丹巴道尔吉的藏族喇嘛——二世迪鲁瓦活佛有关，二世迪鲁瓦的在世年代为北元时期（明代晚期）的1569～1649年，期间曾在此地大兴宗教活动。阿尔寨石窟的一度兴旺与阿拉坦汗在蒙古地区引入佛教有直接关系，二世迪鲁瓦在阿尔寨修建寺庙就在这个时期。

传说石窟原有108窟。毁于察哈尔林丹汗称雄时期。当时，林丹汗的察哈尔军在此曾遭到回回人的抗击。后林丹汗增兵镇压，血洗此地，焚烧了石窟，血染红了窟前的河水，故当地人称此河为察哈尔河。此传说发生在鄂尔多斯部归附林丹汗的1628年之前。

‖40‖ 准格尔旗敖包渠窖藏

撰稿：李双 王永胜
摄影：杨泽蒙

准格尔旗重点文物保护单位。

位于准格尔旗准格尔召镇原西召乡西召村敖包渠社红不灿渠渠口，此地位于敖包渠渠底与上家渠的交界处。

窖藏被当地住户在挖坑种树时无意间发现。窖藏容器为一件腹部套有铁箍的瓷瓮，内放置大量瓷器，包括酱釉瓷瓮、剔花瓷瓶、白釉画花瓷碟、盆、碗等。瓮口上覆盖一口铁锅，铁镟、锅、火盘、鏊、铛、臼、杵、熨斗、勺、锁、剪子、刀、镢、锹、铲、锄、犁、铧、犁镜、马衔、马镫、马绊等生产工具和生活用具堆放在大瓮周围。

该窖藏是鄂尔多斯地区一次性集中发现西夏文物数量最多的遗存，不仅出土了众多制作精美的瓷器，而且首次发现保存完好成组的铁质生产工具和生活用具，对于全面了解鄂尔多斯地区西夏时期考古学文化的面貌、特征，以及当时的社会生活、农业经济、瓷器烧造、冶铁业的发展水平等，具有里程碑的意义。

花瓣口剔花瓷瓶

铁剪

铁锄

铁铧

铁犁镜

铁马镫

‖41‖鄂托克旗百眼井遗址

撰稿：甄自明　前途
摄影：杨泽蒙　马西　吉仁太

内蒙古自治区重点文物保护单位。

位于鄂托克旗棋盘井镇百眼井村南50米处。一条干涸的河床上，井眼开凿于河床砒砂岩层中。遗址北侧有一条自然路，往南通达乌兰镇至阿尔寨柏油路。

百眼井遗址，旧称"敖楞瑙亥音其日嘎"，汉意为"众狗之井"。在一望无际的大平梁上，一条东北向西南延伸的凹形地带，长约400米，宽约200米，面积约8

万平方米。分布着以10米左右的间距展开的七八十眼井，井深20米左右。现暴露于地表有56眼井，井眼分布较分散，多数井已干涸被沙埋，部分井眼仍被当地居民正在使用。井口为卵石砌成，井口直径0.6米左右，井壁光滑。

百眼井遗址，是成吉思汗所率大阿骑兵集中取水和饮马之处。据老牧民讲，这些井已有几百年历史，原来共有108眼井。成吉思汗围猎时，他的众多猎狗由于长途追猎，口渴体疲，所以成吉思汗命众工匠以猎狗的速度，在河床上挖出水井，因而得名"众狗之井"。据实地调查了解，这些水井距阿尔寨石窟较近，地势平坦，水位较高，应为蒙古大军聚集时所挖掘的军用水井。拉施特《史集》中，两次提到"翁浑—答兰—忽都黑"这处地名，汉译为"翁浑的70眼水井"。这处重要的地名，在《多桑蒙古史》、《蒙兀儿史记》、《元史译文补证》等书中也有引述。在上述诸史书中，都记载了成吉思汗在"翁浑—答兰—忽都黑"做了噩梦，知道自己死期将至。这与成吉思汗晚年征西夏的时间相符，因此，我们认为百眼井应是上述蒙古史文献中所记的"翁浑—答兰—忽都黑"，即"翁浑的70眼水井"。

"巨匠钻井"虽然是一则神话传说，但成吉思汗亲征西夏，屯兵此地是历史事实。阿尔巴斯及百眼井一带，先是蒙古军与西夏对峙的前沿阵地，攻战开始以后，

百眼井遗址全景

又是增援兵力的后方。蒙古兵马在这里安营扎寨约一年之久，开凿了很多水井，供兵马饮用。成吉思汗常把将士比作虎豹鹰犬。古代蒙古族赞词中，把成吉思汗冲锋陷阵的勇士比喻为狗，说"当皇主征讨外敌时，像馋极之狗一样冲击"的某某。这个比喻，与汉语中臣下对君主自比为犬马，表示愿供效劳时常说："无功报德，愿施犬马之劳"等句是一样的。所以把"众狗之井"可以理解为"千百个将士之井"。

窝阔台可汗在成吉思汗时代驿站的基础上，正式建立驿站制度，他把固定站赤等措施作为自己一生中所做的四件大事或善事之一写入《蒙古秘史》，这对百眼井的来历提供了很重要的依据。百眼井就是窝阔台时期设置的从和林通往漠南的重要驿道之一，并且新近发现的下百眼井井群无疑就是窝阔台可汗时期扩增的新井群。

以日月星辰运动的方位来定位掘井的布局是与北方民族的文化思维有关。蒙古族长期以来以游牧业为主要生产方式，一年四季"逐水草而迁徙"，辗转于草原深处。所以，多以流动变化的自然观观察周围的一切事物和现象。窝阔台汗扩增百眼井时，特设计为"七"字型，具有深奥的文化含义和象征性。像这样的大型掘井工程在地下进行，当时来说耗费极大，除非官方支持和统一设计实施。清代张鉴所撰《西夏纪事本末》中的《西夏地形图》中，从灵州通往西辽界的驿道上共有12个驿站，其中的"陌眼驿"，无疑就是百眼井。《明史·宪宗实录》中百眼井地名两次出现，可见"百眼井"这个地名在史料记载中出现已有339年的历史，当时的百眼井已成为重要的军事要地。

遗址局部

井内特写

‖42‖ 鄂托克旗布和别里古台祭祀遗址

撰稿：卢悦　前途

摄影：额尔德尼其其格

鄂尔多斯市重点文物保护单位。

位于鄂托克旗苏米图苏木伊连陶劳盖嘎查纳林希泊尔牧业小组。

2005年鄂托克旗文物保护管理所对该遗址进行考古调查，并全面详细记录了文化信息。2008年4月28日，经国务院批准，布和别里古台祭祀藏书清抄本《蒙古源流》入选第一批《国家珍贵古籍名录》。

布和别里古台祭祀遗址又名伊连陶劳盖文化遗址。现在遗址内包括纪念馆1个，纪念包1个，非物质保护标志牌2个。

布和别里古台阿拉格苏勒德祭祀活动

布和别里古台达尔扈特念经

遗址呈长方形，东西900米，南北1000米，面积90万平方米。

布和别里古台是成吉思汗的同父异母的弟弟，也是成吉思汗的成就伟业的助手。自幼追随成吉思汗出征，作战骁勇，任断事官之长。1206年大蒙古国建立，分封于斡难河与克鲁伦河流域。据《元史》记载，他为人忠厚，不喜欢喧哗，但带兵领将足智多谋，勇武过人。他与合撒儿同为成吉思汗最得力的弟弟和搭档，蒙古创业史上常将他们三人并提，成吉思汗称帝后曾说"有别里古台之力，合撒儿之射，此朕之所以取天下也"。

为纪念这位杰出的蒙古勇士，由鄂尔多斯济农衮必里克的次子白桑胡尔在他管辖的鄂托克旗额尔和图苏木的额仁陶勒盖土岗北面供奉布和别里古台祭祀包，祭

纪念包

祀包内供奉着别里古台画像、苏勒德等物品，还收藏过很多蒙古文典籍，其中，蒙古族三大史籍之一《蒙古源流》手抄本就是由守护别里古台祭祀包的达尔扈特人首领捐赠的。每日举行例行祭奠，农历每月初一举行月祭，三月二十一举行查干苏鲁克大祭，四月二十七举行奶祭，五月初一举行公羔（二岁绵羊羔）祭，七月二十七举行斯日格（三岁山羊）祭，十月初二举行冬祭等活动。

布和别里古台祭祀遗址始于元代，并一直延续下来，保存了大量珍贵的历史遗物，对于研究蒙元时期至清代鄂尔多斯地区的历史和祭祀文化有重要意义。

‖43‖ 鄂托克旗托雷伊金祭奠遗址

撰稿：卢悦　前途

摄影：马西　布仁巴雅尔　门都　教特根毕力格

鄂尔多斯市重点文物保护单位。

位于鄂托克旗乌兰镇赛罕塔拉嘎查哈西雅图小组境内，地势平坦。

托雷（1180～1232年）是成吉思汗之四子，元世祖忽必烈之父。他文武双全，善于带领军队和指挥战役。所以成吉思汗出征讨伐，都带托雷一同前往。1211年成吉思汗攻占金时，托雷跟随父亲成吉思汗在今河北境内打败金30万大军，包围中都（今北京）。1219年，成吉思汗西征时，又跟随父亲，带领中路军于1220年占领了花刺子模重要城市布哈拉，不久又占领花刺子模新首都撒马尔罕。《中国历史大辞典·辽夏金元史》记载："（托雷）尊称

主敖包全景

火镰

'也可那颜'（大官人）。元太祖十六年
（1221年）西征中，领军进入呼罗珊，破
马鲁、你沙不儿，迫降也里。二十二年成
吉思汗死后，继承成吉思汗在斡难河、怯
绿连河的遗产和军队，充任监国。二十四
年召集忽里台，遵从成吉思汗遗嘱，推
举兄窝阔台（太宗）继大汗位。太宗三
年（1231年）攻金，率师出宝鸡、入汉
中，沿汉水东下。次年，趋均州（今河
南禹县），败金将完颜合达、移剌蒲阿
于三峰山。北还途中病死，年四十余。
子蒙哥（宪宗）、忽必烈（世祖）相继
称帝，追上庙号睿宗。"

　　1226年，成吉思汗第六次进攻西夏
时，托雷随成吉思汗进入鄂尔多斯地区。
成吉思汗在阿尔巴斯狩猎坠马受伤后驻
阿尔赛石窟养伤，夫人也遂在身边服侍。
《蒙古秘史》第265节记载："次日，也
遂夫人对大王并众官人说'皇上今夜好生
发热，您可商量'"中的"大王"即"也

可那颜"，就是指托雷。据《元史》记载，成吉思汗在病重期间，将窝阔台和托雷召来，给他们留下三条重要的遗嘱：一是齐心协力抵御敌人，立窝阔台为蒙古大汗；二是取道南宋，共同灭金；三是秘不发丧，当西夏君臣、民众出城投降时，将他们消灭。托雷忠实地执行了这三条遗嘱，为大蒙古汗国的发展和巩固，为灭夏、金战争发挥了极其重要的作用。

托雷逝世之后，窝阔台汗为他举行祭奠仪式，在蒙古高原成吉思汗大斡儿朵附近建立白室灵帐。灵帐内祭奉托雷的遗物——火镰、图海（腰带佩饰）以及托雷画像，由成吉思汗九杰之后裔鄂尔鲁特氏达尔扈特人世世代代守护和祭奉。明洪武十三年（1380年），明军攻克蒙古哈剌和林时，托雷伊金灵帐与成吉思汗八白室一起由漠北向西迁徙，经阿尔泰山脉，于明建文年间（1399～1402年）到达伊犁祭奉。明永乐三十二年（1434年）东迁到哈密祭奉。后又东迁，经阿拉善，最后于明成化三年（1467年）迁到鄂托克旗境内祭奉，已有五百多年的历史。清顺治六年（1649年），朝廷将鄂尔多斯划分6个旗时，守护托雷伊金灵帐的达尔扈特人归属鄂托克旗。托雷伊金灵帐随达尔扈特人的

托雷伊金祭奠全景

游牧，从鄂托克旗阿尔巴斯山中向东移动，经阿尔寨、公其日嘎等地，乾隆四十年（1775年）到鄂托克旗与杭锦旗交界处伊金梁祭奉。20世纪20年代，托雷灵帐周围开垦，守护托雷伊金灵帐的达尔扈特人被迫向西游牧，于1930年迁到乌兰吉林祭奉。1943年乌兰吉林一带因开垦而西迁，经过几次的不断移动，于1944年来到今祭奠地。

托雷伊金祭奠敖包属圆形三层结构建筑，高6、直径9米。祭祀灵帐为四方圆形砖木结构建筑，直径3.6、高3.6米。其他文物构成情况为祭祀石头（1956～2002年）、旧灵帐木头一双、元代三角锅一口、托雷的遗物——火镰、图海（腰带佩饰）、托雷画像、祭祀旧址一处、七眼井遗址一处、嘎日利格祭祀遗址一处、祭祀用品齐全，其保存情况较好。

自古以来，托雷伊金祭奠遗址和祭祀活动，以祭祀圣火为主要内容。作为托雷的后裔，鄂托克旗历代首领、札萨克以及守护托雷伊金祭奠遗址的托雷伊金达尔扈特，一直承担了成吉思汗圣火的传承与祭祀。托雷伊金祭祀承载了游牧文化的核心特质即移动性，它没有不可移动建筑，随守护托雷伊金达尔扈特人的游牧而移动，这是现存祭祀文化中独一无二的。在众多文物古迹中，托雷伊金祭奠遗址和祭祀活动延续时间最长，其文物、场所一直保留到当代。守护和祭奠托雷伊金的达尔扈特人，在漫长的历史过程中，保留着元代古老的祭奠礼仪和独特的生活风俗习惯，是内蒙古草原不可多得的历史文化瑰宝。

‖44‖ 伊金霍洛旗成吉思汗陵

撰稿：甄自明　李绿峰
摄影：杨泽蒙　李绿峰

全国重点文物保护单位。

位于伊金霍洛旗伊金霍洛镇布拉格村三社南400米处。座落在甘德尔山包上，地势较高，四周较低。北临巴音昌呼格河，陵园周围植被茂盛。

1956年，成吉思汗新陵落成，陵园总占地面积1.55平方公里，陵宫大院占地56176平方米，陵宫院墙四周长840米。

去往陵宫步道中段广场上，耸立着成吉思汗骑马铜像，高6.6米。这座铜像，是根据成吉思汗西征时途径鄂尔多斯，留下的一段永恒而真实的故事铸造的。成吉思汗率军征战西夏时，路过鄂尔多斯，他目睹这里水草丰美，花鹿出没，是一块风

成吉思汗陵全景

成吉思汗陵远景

水宝地，心里特别高兴，留恋之际，失手将马鞭掉在地上，成吉思汗自语道"这里是梅花鹿儿栖身之所，戴胜鸟儿育雏之乡，衰落王朝振兴之地，白发老翁享乐之邦"。感慨之余，成吉思汗对左右吩咐道："我死后可葬于此处"。

通往陵宫步道中段，建有四柱三孔牌楼，牌楼占地600平方米，东西长17米，高8.2米，于1984年建成；牌楼上方正中

挂着金光灿灿的"成吉思汗陵"牌匾，由国家原副主席乌兰夫于1985年6月在北京为成吉思汗陵题写。

巍然屹立在甘德尔草原上的三座相连接的宫殿就是成吉思汗陵。陵宫由正殿、后殿、东殿、西殿、东过厅、西过厅六部分组成。陵宫建筑面积1691平方米。正殿高24.18米，东西殿高18米。乳白色的墙壁，朱红的门窗，金黄宝顶、蓝色云图，

帐，又像是皇宫。在正面中央有一尊高达4.3米的成吉思汗汉白玉雕像，充满着崛起于马背上的历史伟人震撼山河的恢宏气度。成吉思汗雕像背后是辽阔无比的成吉思汗横跨欧亚的大帝国时期的疆域图，由13世纪形成的大蒙古国本土和所属钦察汗国、察合台汗国、窝阔台汗国、伊尔汗国四大汗国组成。

陵宫后殿，也叫寝宫，安放着三顶灵包，供奉着成吉思汗及几位皇后灵柩，是成吉思汗八白宫的组成部分，中间灵包安放着成吉思汗和孛儿帖皇后的灵柩，右边灵包供奉着忽兰皇后灵柩，左边灵包供奉着古日别勒津皇后灵柩。陵宫西殿供奉着成吉思汗八白宫组成部分吉劳（鞍鞯）白宫、胡日萨德格（弓箭）白宫和宝日温都尔（圣奶桶）白宫。陵宫东殿安放着一座灵包，灵包内供奉着成吉思汗四子托雷和夫人额希哈屯灵柩。陵宫西过厅陈列着成吉思汗时期的部分珍贵文物和"成吉思汗丰功伟绩"壁画。陵宫东过厅陈列着成吉思汗陵上供的部分银制祭器和"成吉思汗子孙们的伟业"壁画。

在成吉思汗陵宫大院内，陵宫右侧是成吉思汗战神——苏勒德祭坛，左侧是八白宫之一商更斡尔阁（珍藏）白宫，东侧是成吉思汗祭祀文化展览馆，大门东西侧是碑亭，门厅内有成吉思汗陵史展览。陵宫大院正中，高高竖立的两根山叉铁矛（由成吉思汗的战神苏勒德演变而来），中间印有凌空腾飞的骏马图案的五色小旗连接，这是吉祥、兴旺的象征——"黑慕热"（天马旗）。苏勒德祭坛，占地面积290平方米，高3.5米，1997年建成，是安放、祭祀成吉思汗哈日苏勒德的地方，以

辉煌夺目，独具蒙古民族特色。陵宫建筑形状，像一只展翅飞翔在苍天与大地间的雄鹰，象征成吉思汗不怕艰难、勇往直前的精神。成吉思汗陵宫不仅保留了草原上的蒙古包和成吉思汗八白宫的形状特点，而且结合了汉族建筑风格，极具创造性，成为现代蒙古民族代表性建筑。

陵宫正殿里，雕有金色盘龙的八根柱子支撑着的古朴典雅的正殿，像是金顶

陵宫

主苏勒德和四柄陪苏勒德组成，哈日苏勒德是成吉思汗所向无敌的战神，曾跟随他南征北战打天下。商更斡尔阁（珍藏）白宫，建筑面积108平方米，于1997年重建，曾经主要是存放几百年来为供奉八白宫进献的大量各种金银器皿、祭祀用具、金银财宝，《白史》、《红史》、《黄史》、《金册》等蒙古巨著及有关成吉思汗祭奠的各种书籍的地方。

成吉思汗八白宫，是指祭祀成吉思汗及其夫人和圣物的八顶白色宫帐。成吉思汗时期，蒙古人信仰萨满教，他们相信人去世后灵魂不灭。成吉思汗去世后，建立白色宫帐，将象征成吉思汗灵魂的灵柩、画像和遗物等安放在宫帐内，进行供奉。这一祭祀形式，由成吉思汗子孙后代及守灵的鄂尔多斯部代代相传，一直延续。供奉成吉思汗的白色宫帐，最初称"总神

祇"或"奉祀之神"。15世纪，随着鄂尔多斯部的南移，在漠北的成吉思汗四大鄂尔多（宫帐）也迁至鄂尔多斯，与这里的成吉思汗白宫合并，形成多个白色宫帐。北元时期，将全体蒙古的"总神祇"称为"八白宫"或"八白室"。

明天顺年间，鄂尔多斯部入驻并长期占据河套，鄂尔多斯因此得名。八白室（成吉思汗陵）随之迁来，由鄂尔多斯部的济农负责供奉。1468年，蒙古贵族共推巴图蒙克为可汗，即达延汗。达延汗派他的三儿子巴尔斯博罗特驻鄂尔多斯部负责统治右翼三万户，这便是鄂尔多斯部封建立主的始祖。明万历年间，博硕克图济农接受三世达赖喇嘛灌顶，开始兴建喇嘛庙，万历四十一年，喇嘛庙建成，名叫乌罕巴达拉奇苏木，即王爱召，八白室就供奉在附近。明末，鄂尔多斯部归附后金。

苏勒德祭坛

清顺治年间，蒙古各部实行盟旗制度，鄂尔多斯设立伊克昭盟，下设七旗。伊克昭盟第一任盟长多罗郡王——额璘臣济农，由于封地在郡王旗（伊金霍洛旗），却需到王爱召祭祀，故而，他就把八白室迁到了郡王旗的伊金霍洛。

由于历史的原因，成吉思汗陵近七百年来辗转于大漠南北，至明中叶移至鄂尔多斯供奉至今。1939年抗日战争时期为了避开战乱，成吉思汗陵移至甘肃省兴隆山，1949年移至青海省塔尔寺，1954年内蒙古人民政府派迎陵团将成陵请回故地，同年中央人民政府拨款新建了具有民族传统特色的纪念性陵园，即今天的成吉思汗陵，于1956年落成。

成吉思汗陵，史称"八白室（宫）"，即八顶白色蒙古包组成的供奉物，形成于元朝年间，历代由鄂尔多斯部担负着守护管理的重任，其中达尔扈特人专司祭祀供奉之职，完整的保留了独特的成吉思汗祭祀和蒙古族古老的文化习俗。成吉思汗祭奠每年进行30多次，每次祭奠都有其特定的内容、程序和时间，七百多年不变一直延续至今。每到祭日，牧民们不远千里而来，将纯洁的奶食、肥硕的羊背子摆放在成吉思汗灵柩前，虔诚的祈祷大汗保佑风调雨顺、五谷丰盛、六畜兴旺，达尔扈特人高颂着"圣主颂"等古老的祭文。整个祭奠庄严肃穆、散发着古老的气息。

成吉思汗祭奠

成吉思汗祭奠仪式

‖45‖ 鄂托克旗阿贵塔拉石窟

撰稿：李双　前途
摄影：前途　吉仁太

内蒙古自治区重点文物保护单位。

位于鄂托克旗苏米图苏木查干陶劳亥嘎查阿贵塔拉。石窟开凿在地势较高灰色砂质岩石上，岩石上有宽1、深1.5米的正方体壕沟，在壕沟的石壁上凿出石窟。

石窟总面积1500平方米，南北长约50米，东西宽约30米。石壁上凿刻痕迹明显，石窟间可以相互串通。石窟整体呈南北走向，主石窟位于南部，窟顶有通风口，并有内室，窟门两侧刻有藏文，主窟的南部凿出斜坡入口，在北部壕沟外有堆砌的石墙，西部有一石窟，已坍塌。目前保存的石窟有4个。石窟内有佛龛，但无佛像。石窟总体保存较好，风雨侵蚀，放牧等对石窟造成一定的破坏。

石窟的年代为元代，对于研究元代藏传佛教文化有一定的价值。

全景

主窟

石窟内藏文

石窟内佛龛

明清时期

　　鄂尔多斯市境内共有明清时期遗存128处。

　　明代，鄂尔多斯成为明朝与北元拉锯地带。明宪宗成化九年，明朝政府实行"弃套"政策，逐渐退出了在河套地区的军事和政治存在，转而开始修筑长城来防御蒙古军民的南下，就在今鄂托克前旗修筑了宁夏镇河东边墙。明天顺年间，鄂尔多斯部入驻并长期占据河套，鄂尔多斯因此得名。八白室（成吉思汗陵）随之迁来，由鄂尔多斯部的济农负责供奉。1468年，蒙古贵族共推巴图蒙克为可汗，即达延汗。达延汗派他的三儿子巴尔斯博罗特驻鄂尔多斯部负责统治右翼三万户，这便是鄂尔多斯部封建立主的始祖。明万历年间，博硕克图济农接受三世达赖喇嘛灌顶，开始兴建喇嘛庙，名叫乌罕巴达拉奇苏木，即王爱召，八白室就供奉在附近。明末，鄂尔多斯部归附后金。

　　清顺治年间，蒙古各部实行盟旗制度，鄂尔多斯设立伊克昭盟，下设七旗。伊克昭盟第一任盟长多罗郡王——额璘臣济农，由于封地在郡王旗，却需到今达拉特旗王爱召祭祀，故而，他把八白室迁到了郡王旗的伊金霍洛。

‖46‖ 鄂尔多斯明长城 ————

撰稿：甄自明
摄影：甄自明

全国重点文物保护单位。

鄂尔多斯明长城分布于鄂托克旗、准格尔旗、鄂托克前旗，全长90余公里。

鄂托克旗阿尔巴斯有明代烽火台若干座。准格尔旗龙口镇竹里台分布有明长城1公里，边墙附近建有烽火台和敌台。鄂托克前旗明长城全长约90公里，东自宁夏盐池县高沙窝镇进入该旗上海庙镇特布德嘎查南部，西行经二套子村西、布拉格苏木上水坑村南、刺湾村南、芒哈图村南、小滩子村西，然后向西进入宁夏银川市。

方向西偏北24度。鄂托克前旗明长城包括头道边和二道边两道边墙。明长城墙体沿线有关堡4座，烽火台若干。

明代长城都称作"边墙"。史载明长城东起鸭绿江，西达嘉峪关，俗称"万里长城"。明朝建立以后，退回到漠北草原的蒙古鞑靼、瓦剌诸部仍然不断南下；明中叶以后，女真族又兴起于东北地区，不断威胁边境的安全。为巩固北部边防，在明朝的200多年统治中几乎没有停止过对长城的修筑工程。明长城的修建过

鄂托克旗土桥梁烽火台

准格尔旗竹里台明代敌台

鄂托克前旗头道边与边堡

程，大体可以分为三个阶段：第一阶段：1368～1447年，明前期对长城的修缮；第二阶段：1448～1566年，明中叶长城的大规模兴筑；第三阶段：1567～1620年，明后期长城的重建和改线。

鄂尔多斯明长城均为第二阶段修筑。"土木之变"以后，瓦剌、鞑靼不断兴兵南下，迫使明王朝把修筑北方长城，增建关堡作为当务之急。百余年间建成九座长城重镇，分别是延绥镇（榆林镇）、固原镇、甘肃镇、宁夏镇、大同镇、宣府镇、山西镇、蓟镇、辽东镇，史称"九边重镇"。鄂尔多斯市准格尔旗明长城属于榆林镇，鄂托克前旗和鄂托克旗的明长城属于宁夏镇。

由于军粮运输的困难和防守的艰难，成化九年，明朝政府逐渐退出了在河套地区鄂尔多斯高原的军事和政治存在，转而开始修筑长城来防御蒙古军民的南下，这就是明史上说的"弃套"，这样，就在

鄂托克前旗二道边（左）与头道边（右）

鄂托克前旗芒哈图长城头道边剖面

鄂托克旗二道边4号敌台及铺舍

鄂尔多斯南部修筑了宁夏镇河东边墙。鄂托克前旗明长城分为头道边和二道边，同属宁夏镇河东边墙。二道边大体在北（外侧），修筑年代较早，为明宪宗成化（年号）时期巡抚宁夏都御史徐廷章修筑；正德元年，三边总制杨一清予以加固，边墙上加修暖铺，便于士兵休息；弘治十年至十四年，宁夏巡抚张桢叔、王珣先后于墙外添挖陷马坑四万四千多眼，以防骑兵逼近；保存较差。头道边大体在南（内侧），修筑年代较晚，为明世宗嘉靖时期三边总制王琼、唐龙、王宪修筑，称"深沟高垒"，保存较好，是内蒙古自治区与宁夏回族自治区的界线。

⫼ 47 ⫼ 达拉特旗王爱召遗址

撰稿：卢悦　王清云
摄影：王清云　刘清良

鄂尔多斯市重点文物保护单位。

位于达拉特旗王爱召镇王爱召村，地势平坦。明万历年间，三世达赖喇嘛锁南嘉错到蒙古草原传播藏传佛教格鲁派，想在鄂尔多斯兴建寺院。鄂尔多斯部博硕克图济农遵照三世达赖旨意，于万历三十五年（1607年）主持动工兴建。万历四十二年（1614年），鄂尔多斯部举办开光典礼，明廷赐名"广慧寺"。该召庙的蒙古语为"乌哈格尼巴达古拉圪齐庙"，藏名"沙木拉普全克尔岭"，后因博硕克图济农的后裔获封郡王衔，故改称"王爱召"。也有资料称王爱召是"王的召"的谐音，因蒙古语"的"字发音为"爱"，

建筑基址

故民间俗称该庙为"王爱召"。

王爱召是鄂尔多斯蒙古部的第一次会盟之地。天聪九年（1635年），鄂尔多斯部归附清朝。"天聪九年，额璘臣来归，赐济农号；顺治六年，封郡王等爵有差，七旗皆授札萨克，自为一盟于伊克昭。"顺治六年（1649年），鄂尔多斯部贵族在王爱召会盟，鄂尔多斯左翼中旗郡王额璘臣主持，定盟名为"伊克昭"（蒙古语，意为"大庙"，大庙便指王爱召）。此时，王爱召是鄂尔多斯七旗的总庙，也是鄂尔多斯地区最大的召庙，又是蒙古王爷的家庙，王爱召附近有成吉思汗陵寝"八白室"以及济农办公之所。

额璘臣除定期召集各旗札萨克到王爱召会盟外，还主持八白室的祭祀。但因其封地在郡王旗（今伊金霍洛旗），其驻地则是王爱召，二者有距离，故他为祭祀及会盟方便，将"八白室"迁往郡王旗。会盟初期，每三年举办一次，由盟长主持。

除按规定迎接御书及钦差大臣外，还检阅兵丁，稽核全盟在册人数，检查战马、军械、其他物资及战备，商议大事。后来，会盟变成盟内例会，盟长或者检查该盟户口丁册，或审理该盟主要案件，处理重要事宜。伊克昭盟的会盟地点起初一直在王爱召，偶尔也在郡王旗的苏泊罕举行。到清末，会盟改为根据需要，临时决定时间及地点，不再固定。

据记载，王爱召是一座规模宏大、极为壮观的庙宇。北依黄河，西靠豪庆河，南邻河滩草原。南、北各有一眼泉水，人称"龙眼"。占地面积50亩，其中，庙址占地面积12亩，共有寺庙建筑物共259间。建筑结构取藏族、汉族两种传统寺庙样式之精华。由于其建筑宏伟，民间历来有"东藏"之称。

原王爱召的主体建筑主要有山门、钟楼、鼓楼、四大天王殿、大经堂、正殿。庙内有汉式宫殿型大经堂49间；藏式建筑

20世纪六七十年代后修建的小庙

祭台

风格的正殿81间，平房平顶，白墙红边。东西两侧有两座钟楼，门前有四大天王殿；南侧有奶奶庙、观音堂、五道庙；北侧有十殿阎君、金刚殿、靖王庙、药师庙；中部正殿后侧，也是该庙最高之地，有喇嘛白塔三座。

令人叹息的是，王爱召在1939年和1941年遭到破坏。

1941年9月，王爱召的大喇嘛曹德纳木通过化缘、化布施等方式筹资，在王爱召原召址以西半华里处的一座旧有小庙的基础上，重建了一座召庙，将达拉特旗塔井召的佛像、法器、经卷等迁至此处，继续开展宗教活动。该小庙也在20世纪六七十年代中被毁，现仅存一座小仓房。原王爱召班弟喇嘛洛布森津巴对本门宗教矢志不移，继续在这间小仓房中念经，期望将来能重建王爱召。

文字砖

柱础

‖48‖ 准格尔旗准格尔召

撰稿：李双　王永胜
摄影：乌拉

全国重点文物保护单位。

位于准格尔旗准格尔召镇准格尔召村。召庙四周由丘陵、沙包环绕，西南临小溪，水草丰美，植被良好，西部和北部紧靠着一些纵横交错的山丘沟壑。

准格尔召，藏语名为甘丹夏珠达尔杰林寺，蒙古语名额尔德尼·宝利日图苏莫，明廷赐名"秘宝寺"，清廷赐名"宝堂寺"，是鄂尔多斯地区现存最大型的藏传佛教寺庙建筑群。据《准格尔召庙志》记载，准格尔召始建于明天启二年（1622年）。次年，主体建筑经堂、佛殿竣工。经历380余年，不断扩建修缮，规模逐步扩大。

准格尔召全景

准格尔召保存较好。占地面积4万平方米。原有独立殿堂三十六座，现存大独宫、观音殿、舍利独宫、五道庙、千佛殿、六臂护法殿、大常署、二常署、藏经阁、喇嘛商、诺颜商等，气势恢宏，震撼人心。此外，另有白塔一处，黄绿琉璃瓦的大殿与白塔相互辉映，煜煜生辉。

大独宫，是准格尔召建筑群中规模最大，保存最完整的蒙汉藏式建筑。院落分为三部分，前部为经堂，有唐卡画百余幅，北墙处为一字排开的十八尊菩萨护法神像。穿过经堂，为两座二层配殿，西为藏经阁，陈列着近千卷《大藏经》；东为莲花殿，殿内墙壁用泥沙雕塑佛陀世界。大独宫最后一部分是佛殿，供奉着竖三世佛、横三世佛及八大菩萨、四大护法神像，供桌上陈列着菩提塔、殊圣塔等。佛

藏经阁

千佛殿

殿藻井内有彩绘金刚坛城图案。

　　千佛殿是召内第二大建筑，供奉着一千尊宗喀巴大师的雕像。千佛殿依门廊、经堂、佛殿三部分排列，门廊的柱饰是典型的藏式建筑，屋顶为汉式歇山卷棚，这种融藏汉建筑文化为一体的风格，是一处很有价值的古建筑。

　　舍利独宫主要安放准格尔召两位活佛的舍利，其中第十三世活佛洛藏久美丹贝嘉措的舍利宝塔用纯银139斤，宝石百余颗，堪称镇寺之宝。舍利独宫还供奉着藏传佛教格鲁派护法神祇，一字排开。

　　观音殿供奉千手千眼观音和汉传佛教十八罗汉塑像。六臂护法殿供奉六臂护法和印度佛教十八罗汉本尊像。五道庙供奉着藏传佛教的五道将军。殿堂面阔五间，进深六间。

　　喇嘛商为喇嘛饮食起居诵经礼佛之所在，大常署为主持日常办公之所，二常署为寺庙管理委员会开会之处，诺颜商是整个召庙的后勤保障之所。

　　白塔位于整个建筑群的中轴线后部，在5米高的台基上，建有覆钵式大塔两座，小塔六座，合计八座，象征佛家八宝。

　　准格尔召较完整的保留了喇嘛教的教事活动仪式，对研究北方蒙古族部族的文化、医学、历史都有极高的价值，其召庙志记述完整。所藏经卷浩繁，是鄂尔多斯宗教界不可多得的珍本。宗教活动完整地保留最初风貌及演变、流传的方式，也揭示了喇嘛教的兴衰与传承，对研究蒙古族政教史有着特殊的价值。

喇嘛商

五道庙

白塔

▏49▕ 杭锦旗沙日特莫图庙

撰稿：李双　白虹
摄影：白志荣

全国重点文物保护单位。

位于杭锦旗锡尼镇以北62公里，原巴音乌素苏木北15公里处。

该庙占地面积110余亩，建筑面积为2800余平方米。其中主殿400平方米，主殿正南门庭为四大天王殿，占地面积100平方米，两侧佛事房占地面积200平方米，主殿东西两侧藏经阁各150平方米，主殿北侧为时轮金刚塔，占地面积900平方米，高33米，共七层。时轮金刚塔北侧为千佛殿，占地面积为200平方米，两侧偏殿各150平方米。另外，全寺喇嘛住房共11处，占地面积约3000平方米。

沙日特莫图庙是杭锦旗最大一处藏传佛教寺庙，初建于明晚期，后扩建于清嘉庆年间，当时有25间庙舍，全年举行208天佛事活动。经过战乱，该寺庙遭到严重破坏。1986年，该寺庙被批准为杭锦旗境内合法的宗教活动场所。对研究藏传佛教寺庙具有一定的价值。

全景

主殿

四大天王殿

藏经阁

时轮金刚塔

千佛殿

‖50‖杭锦旗乌兰阿贵石窟寺

撰稿：卢悦　白虹
摄影：白志荣

鄂尔多斯市重点文物保护单位。

位于杭锦旗伊和乌素苏木东8公里处。坐落于东、西横向的高丘陵顶部半峭壁上，丘陵往西南相连敖伦活子山和阿塔木山，地形起伏不平。石窟西、北略低，摩仁河由南向北从伊和乌素镇东两千米处流过。石窟南200米处新建一处小庙，原为喇嘛住宅。

石窟建于东西走向的"S"型红砂岩峭壁上，总面积约1200平方米，分布在南、北两个峭壁。共有14处石窟，其中7处较为完整，1处为大型石窟，内套3个小

石窟远景

北峭壁石窟

南峭壁石窟

石窟。大型石窟内窟进深3米，宽2米，高1.6米；外窟进深4米，宽7米，高3米。其余六处石窟宽2.5米，高2米，窟口形状为方形、圆形不等。另七处因风沙侵蚀等原因对石窟造成严重破坏，已失去原状，结构不详。石窟下平缓地段有清代寺庙建筑，但20世纪六七十年代被拆除，其中有一处喇嘛住房原貌犹存。另有小型寺庙是1984年新建的一座藏式结构的小庙。石窟以西，从山顶向西"一"字排列有20处塔基，再向南平缓地段有15处建筑基址。

根据石窟建筑资料和开凿形制等分析，乌兰阿贵石窟应是明初开凿的一处石窟，主要的使用年代应为明清时期。

喇嘛住房

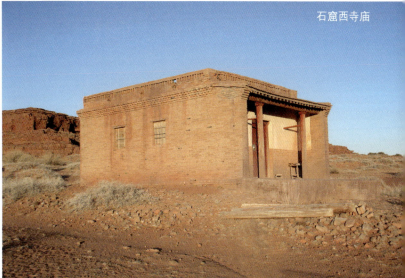
石窟西寺庙

‖51‖ 达拉特旗哈什拉召

撰稿：卢悦　王清云
摄影：王清云

鄂尔多斯市重点文物保护单位。

位于达拉特旗中和西镇万太兴村纳林沟社。地形属于丘陵区，地势起伏较大，召庙处于北高南低的缓坡上，较为平坦。东1.5公里为哈什拉川，西、北面是连绵的山丘，南面为多年形成的冲沟。南1公里为东西走向的公路。

哈什拉召建于清代，20世纪六七十年代被毁，只保存部分基础。残存有砖、滴水、筒瓦等建筑残片。2003年，进行了重新修建。现在的哈什拉召占地面积达8400平方米，包括宝塔一座，大雄宝殿一座，庙多间，有80余喇嘛诵经。每年正月十五日是灯节，七月十三日祭祀敖包，周边村民约数百人参加。在新建宝塔处曾出土石佛像、竹简经书、瓷罐、铜钱、铜香炉等遗物。其中，宝塔底座压有多本经书，大雄宝殿底座也压有经书、麻钱等。

哈什拉召对研究鄂尔多斯藏传佛教的起源提供了珍贵资料，对研究当地历史沿革提供重要佐证。

远景

铜香炉

石佛像

瓷罐

竹简经书

‖52‖ 乌审旗海流图庙

撰稿：甄自明　白庆元
摄影：白庆元

内蒙古自治区重点文物保护单位。

位于乌审旗嘎鲁图镇巴彦柴达木村东30米处。庙西海流图河蜿蜒流过，北面地势平坦开阔，周围有成片的树林。乌审旗至榆林的公路从庙的东侧经过。

海流图庙因位于海流图河西岸而得名。藏名为"珠布党巴达斋凌"，蒙名为"齐达格齐音·沙信尼·德勒格茹勒格齐·苏莫"，汉意为"相传黄教之寺"。

自清朝顺治末年开始，这里就有喇嘛聚会，进行佛事活动。清康熙十年（1671年）修建两间水会之庙，到康熙五十四年（1715年），古希·萨木腾扎木苏修建了12间庙。乾隆九年（1744年）又进行了扩建。从此开始招收新的喇嘛，重新制定寺法庙规。清同治六年（1867年），回匪马化隆部来到此庙，予以焚毁。此后于光绪元年（1875年）重修扩建，共有殿宇18

全景

喇嘛住房

白塔

座、白塔21座，全是藏式建筑，庙顶上都有藏式小塔整齐排列。后在20世纪六七十年代大部分被毁。1984年，投资13500元维修了该庙，对外开放，恢复了宗教活动和每年农历七月初九日的查木（跳鬼）表演。2001年，重建成占地174平方米，塔高65米的诺彦查干塔，距该庙西北0.5公里。2004年，对围墙进行了维修。

该庙为乌审旗重要的宗教活动场所，在每年的农历七月初九进行查木（俗称跳鬼）宗教活动。这座庙最著名的是有座高23.3米的白塔，为清康熙年间古希·萨木腾札木苏本人所建。

庙内白塔

‖53‖ 伊金霍洛旗新庙

撰稿：甄自明　李绿峰
摄影：李绿峰

内蒙古自治区重点文物保护单位。

位于伊金霍洛旗纳林陶亥镇新庙村蒙社。建于环山盆地的一台地上，北临包府线，东为牸牛川，川边建有蒙南电厂，周围建有煤矿。

新庙蒙名"陶亥召"，汉译为"河佛湾庙"，建于清康熙五十三年（1714年），藏名全称"热喜朋苏圪岭"。据记载，早年在七概沟河畔住着一位名叫热喜台吉的将军，他闻知五世达赖到了北京，便前去叩拜，达赖示意他回去建

造一座召庙。热喜回来后，四处宣传达赖喇嘛的意思，多方筹集资金，并请一位喇嘛选定在牸牛川三界塔建庙，初称"热喜台吉庙"。该庙初建时只有一个都嘎，几间住所和少量的念经设备。到清乾隆六年（1741年），该庙被马化龙部焚毁。此后，庙徒们四处化斋，筹建新庙，并由郡王旗名哈根布都河勒格其的人去青海向仓布佛爷请示重建新庙一事。仓布佛爷指定在距旧庙约4公里的黄羊塔布哈河西岸名叫敖古脑陶亥的地方建庙，庙建成后称陶

全景

正殿

亥召，俗称新庙。该庙为藏、汉建筑风格相结合的建筑群。

20世纪六七十年代，该庙部分建筑物被拆除，保存下来有桑克庆殿一座，两个都嘎，一院佛包和部分喇嘛住宅。2001年，经僧侣筹措和民众布施修建了一座白塔。2006至2008年，由内蒙古自治区宗教局、伊金霍洛旗人民政府以及新庙附近的厂矿共同筹措资金，对现有建筑物进行维修，并对新庙周围居民住宅部分进行拆除，修建围墙，恢复了其宏伟壮观的面貌。现有正殿49间，为三层起脊楼房。正殿东西各有3间独瓜亦为起脊楼房，内供石母娘娘等神像；正殿后分布为25间和3间大的马王庙；正殿前为49间的桑克庆殿。桑克庆殿东为49间的独瓜，西为29间

的独瓜，均为藏式风格建筑，桑克庆殿前为山门和三间大的四大天王庙。山门内安装着一个巨大的玛尼筒。东侧有一个三间大的独瓜，内供热喜台吉的盔甲和弓箭。四大天王庙的东南侧建佛仓两院，为该庙活佛居住之地；正南建有25间大的五道庙，为汉式起脊瓦房。庙北建有一座大型佛塔和八座小型佛塔，由东向西一字排列，庙西南亦建有二座小塔。此外还建有喇嘛住宅200余间。

新庙是伊金霍洛旗境内现今保存最完整的召庙。建成后，曾在远近享有盛誉。到1863年，喇嘛多达500余名，设有完整的宗教机构。脑高不拉、朱日开庙的宗教活动及喇嘛均由该庙掌管。察哈尔、乌兰察布、昭乌达盟等地的喇嘛都慕名而来取

东独瓜

西独瓜

经。脑布生宁日布是该庙乃至鄂尔多斯地区著名的活佛，他曾去西藏学习20年之久，不仅佛法超群，而且精通医术，并将其高超的医疗技术传于后人，使该庙出现了不少名医。

新庙所在地山川秀丽，独具特色，极具象征意义。庙宇建在环山盆地的一台地上，望之犹如一横卧雄狮，狮头向南，狮尾对北。而庙西北的一段山崖，则犹如象头，其鼻向东南，活灵活现。象鼻的前部有一小石洞，人们可以穿洞而过。据说穿此洞者可消灾免难，潜心学法。象头部的山壁是庙徒们定时诵经的地方，至今仍保留着喇嘛在该壁上诵经时写的部分经文。

‖54‖ 乌审旗乌审召

撰稿：甄自明　白庆元
摄影：白庆元

内蒙古自治区重点文物保护单位。

位于乌审旗乌审召镇乌审召嘎查。庙西侧、北侧为大片树林及沙丘，院内古树参天、绿树成荫、大门前有多棵古榆树和大型广场。一条旅游专线由南向北直通庙宇，庙的东南侧是乌审召展览馆。

乌审召，藏名为"德格庆达木朝卡斯勒林"，蒙古名为"甘珠儿脑门苏莫"。乾隆二十九年（1764年）始建，当时寺内设有三座札仓（学部），共有殿堂24座，活佛住仓21间，主塔三座，附塔108座，

另有分布于寺院四周的僧舍数百间，形成汉藏式建筑。占地3万平方米。现存经堂、小殿和覆钵式白塔各1座。在历史上乌审召庙曾经遭受过两次大的毁坏；一次是1868年至1871年间；20世纪六七十年代，乌审召庙又一次遭到了破坏，绝大部分庙殿，寺塔变成瓦堆。1983年乌审召庙恢复了正常的宗教活动。1985年维修。2005年至2007年进行了大规模的修缮。

在明代万历年间（1577年前后），从西藏来了一位传教喇嘛，在现乌审召的位

乌审召局部

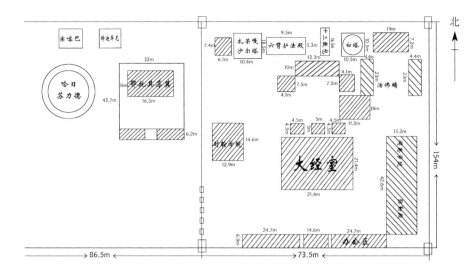

平面图

置上建立了一座水会之庙（"水会"，由蒙语"乌森呼热勒"直译而来，专指为了某种事而不定期举行诵经的佛事活动。可以在庙里，也可以直接在牧民家举行，即使建了庙也无固定常住喇嘛）。不久建造了至今仍存的25间"德德苏莫"（上庙）。当时定藏名"热希热布斋凌"，庙后建"莫钦敖包"，每年正月十三和六月十三日进行祭奠。乌审召为该庙俗名。

清乾隆年间，从西藏请来了乌审召第一世活佛"鲁布桑道尔吉"，以后将寺院重新命名为"钦定干珠尔经寺"，藏名为"替格钦党朝衣嘎斯拉凌"，蒙名为"扎日利格尔·索要日哈森·干珠尔·诺敏·赫衣德"。这时的乌审召已建起24座小庙，分别为：（1）索克钦独宫49间，上下两层结构；（2）萨尼德热桑，49间，上下两层结构；（3）拉木藏康3间，为塔桥式建筑；（4）达木仁杨萨庙3间；（5）阿尤希庙9间；（6）滚日格庙3间；（7）阿南达庙3间；（8）宫布藏康9间；（9）朝衣仁院44

间；（10）德木初格庙9间；（11）德德庙25间，上下两层结构；（12）达日卡庙3间；（13）希布德格庙1间，为塔桥式建筑；（14）敖特齐庙3间；（15）达干召庙3间；（16）桑堆庙9间；（17）查干希库尔特庙9间；（18）占巴庙9间；（19）朝衣中藏康2间；（20）东克尔热桑25间，为上下两层；（21）鲁东喇嘛宫布庙9间；（22）浩日乐庙4间；（23）龙王庙4间；（24）活佛府和佛堂18间。另外还有"扎荣嘎沙尔"大白塔等大小共209座不同式样的佛塔。

乌审召为鄂尔多斯四大召庙之一，是乌审旗境内最大寺院，鼎盛时大约有1000住寺喇嘛，是鄂尔多斯佛教协会的办公地点。主要佛尊是释迦牟尼佛。也是乌审王爷和其所属哈然（蒙古语，清朝行政机构，相当于现在的苏木乡政级）主祀庙。召内设有萨尼德拉僧（经学院）、栋克尔拉僧（历法院）、珠德巴拉僧（密宗学院）三所学术性机构。

白塔

喇嘛住房

‖55‖ 乌审旗陶庙

撰稿：甄自明　白庆元
摄影：白庆元

内蒙古自治区重点文物保护单位。

位于乌审旗苏力德苏木陶日木庙嘎查西北100米处。依山而建，处在一个较高的梁地上，南面平坦开阔有草滩和成片的树林；东面有一个小湖泊。庙南侧有乌审旗至陶庙公路通过。

陶庙又名"陶日木庙"，因位于陶日木湖的西侧而得名。始建于清乾隆三十五年(1770年)，创建人是唐特古喇嘛拉白，后称"斑智达喇嘛"，去世后转世至今，是第九代沙卜隆喇嘛丹增茹麦。藏名为"热希朝衣库尔凌"，蒙名为"乌力吉图·诺敏鄂尔多尼·赫衣德"，汉意为"祥经殿之寺"。主殿为上下两层25间，有九座庙宇、一座白塔、九座小塔、200多间僧舍住房。设天文、数学、历法、学院（部），也为25间，另有几间小庙。1959年停止宗教活动。原有建筑大部在20世纪六七十年代被破坏。1989年，投资14000元重新维修，对外开放，并恢复了宗教活动和东科尔法会（时轮法会）。新庙是2003至2006年新建的，同时旧庙也进行了修缮。

该庙是乌审旗孔兑哈拉主祀庙，是乌审旗较大的宗教活动场所。其主持的东科尔法会（时轮法会）比较有名。

白塔

藏经阁

喇嘛住房

‖56‖ 鄂托克旗苏里格庙

撰稿：甄自明　前途
摄影：甄自明

内蒙古自治区重点文物保护单位。

位于鄂托克旗苏米图苏木苏里格嘎查北50米处，建在一处地势较高处，四周为缓慢起伏的草原丘陵地区，植被较好。庙与嘎查之间有一条东西走向的苏米图苏木至鄂托克旗前旗的柏油路通过。

明清两朝藏传佛教在鄂尔多斯地区广泛传播，蒙古族古老的祭祀活动渗透了许多佛教内容，清光绪三十三年(1907年)在苏里格敖包脚下修建了佛教寺庙苏里格庙。原有藏式大经堂25间，12间明王殿、佛塔、喇嘛住宅等建筑，后因战乱和年久失修而遭破坏。近年经过修缮，苏里格庙现已成为鄂尔多斯市较大的寺庙，南北1300米，东西1200米，面积156万平方米。

苏里格庙北面为苏里格敖包，苏里格敖包为典型的石筑敖包，坐北朝南，位于一处高地的顶上。敖包主体为石筑半球体，半球体下镶有蒙文石刻，上有柴草和苏勒德，苏勒德为佛庙顶的甘珠尔般圆顶，半球体下压方形石台基；主体正前方为禄马风旗香烛祭台。

远景

大门

苏里格地名来源于七百多年前的一次历史事件。1226年，成吉思汗率大军第六次攻西夏。此次，成吉思汗率军从漠北蒙古本部南下，经过黄河大套进兵西夏，同时，他命令从俄罗斯归来的速不台率军从西北方向包抄西夏，以形成东、西两路夹击之势。《蒙古秘史》记载："太祖征回回七年……第七年鸡儿年秋（1225年），回到秃剌河黑林的旧营内"。"成吉思汗即住过冬，欲征唐兀，以夫人也遂从行"。就在这一年秋冬之际，成吉思汗率大军进入鄂托克旗阿尔巴斯山，与西夏军队隔河对峙。军旅之中，成吉思汗在阿尔巴斯围猎野马，不幸坠马受伤，在阿尔寨石窟一边养伤，一边制定灭西夏的军事部署。1227年，成吉思汗从阿尔巴斯启程，前往今宁夏灵武、六盘山途中，来到现苏里格庙所在地祭祀军旗。成吉思汗军旗，名为"苏勒德"，它是一种能够统一和启

发全体蒙古军的思想和智慧，使之产生所向无敌的精神力量的偶像。当时西夏国被蒙古军团包围，总攻时机已成熟，成吉思汗抓住这一有利时机，在此进行苏勒德大祭，让其发挥威猛锐气，动员军队勇往直前，不战胜西夏绝不收兵。他命令随从杀九九八十一只羊，九九八十一只羊背子爆煮了九九八十一个时辰，竟然还有部分半生不熟。成吉思汗觉得很奇怪，但他马上想起了自己向玉皇大帝许愿的一句话，苏勒德原是玉皇大帝降下的一柄神矛，因此成吉思汗许下口愿说："准备一千乌拉（驿马）一万只全羊供奉"。遂将九九八十一匹枣红马的鬃毛做成炸蓬蓬的缨子，将神矛装饰起来；一万只羊一时难以凑足，就用九九八十一只全羊供奉；并许愿不足部分由玉皇大帝差遣下苍狼，到蒙古人的畜群里如数捕获；如此供奉之后，这件神矛就成了军旗；从此成吉思汗百战

百胜，所向无敌。成吉思汗认为，今天的祭品中出现半生不熟（苏里格）的全羊肉，必定是苍狼凑足万只羊的祥兆，苍狼助力，此乃天意，由此宝地发兵，定能旗开得胜。果然，蒙古军势如破竹，于1227年灭亡西夏。为了纪念成吉思汗得天意的宝地，就在这里修建了蒙古敖包，叫苏里格敖包，祭祀仪式代代相传。1907年，在苏里格敖包脚下修建了佛教寺庙苏里格庙。21世纪初，在这里发现了世界级大气田——苏里格气田，为当地经济的发展和人民的富裕作出了重大贡献，为此，鄂托克旗人民政府和中国石油长庆油田公司特捐资重修苏里格庙。

白塔

主殿

苏里格敖包

　　由于苏里格军旗大祭为灭西夏起到至关重要的作用，后来这一带成为蒙古族历史文化的摇篮，在苏里格周围出现了很多有关成吉思汗家族的遗迹。在苏里格庙东13公里处有成吉思汗弟别力古台宫帐祭奠之地，西南40公里处有成吉思汗弟哈撒儿的阿拉格苏勒德祭奠之地；西10公里处有成吉思汗十五世孙巴图蒙克达延汗之陵。

‖57‖ 伊金霍洛旗郡王府

撰稿：甄自明　李绿峰
摄影：甄自明

内蒙古自治区重点文物保护单位。

位于伊金霍洛旗阿勒腾席热镇王府路王府巷西侧，一块高台地上，南面现为王府广场。南距成吉思汗陵27公里，北距康巴什新区4公里。

王府分前后两院，总占地面积2105平方米，总建筑面积1040平方米。府院外围建有土城墙，高丈余，宽五尺，总占地面积15000余平方米，于1928～1930年建成。

外围的东南角有王府的家庙一座，现已拆毁，内设银质佛像。王府前后两院均为四合壁大院，由两丈余高的青砖墙连成一体，上有防御的垛口墙。整体建筑属砖、木结构的硬山顶与平顶相结合，融藏汉风格为一体，具有浓郁的民族特色和地方特色。多数房屋为飞檐斗拱，从屋顶到屋面均用砖、木、石雕刻龙凤、鹿鹤、山水、花草、人物等画面。在整个建筑艺术

郡王府全景

正门

上，尤以精湛的砖雕技压群芳，充分体现了中华民族古老的建筑艺术。

王府前院于1931年翻新完工，占地面积939.52平方米，建筑面积465.78平方米。王府的门庭坐落在五级台阶上，居中式建筑风格的南房正中为王府正门，其坐落的方向与冬至日出时的方向正好相对，象征王公贵族统治的久远和兴旺发达。正门正面的两侧置10根砖石露明方柱，正中又为4根砖石露明圆柱。每根砖柱均坐落在雕有雄狮、猛虎等动物图案的石座上，顶端用青砖雕刻着各种纹饰；正中的4根圆形砖石柱上部装饰着4朵制作精美的铁叶牡丹花；紧靠正门两侧为两幅人物砖雕，为王府的守护神；此外，整个门面均用青砖雕刻着二龙戏珠、麒麟、蝠（福）云等象征意义的图案。正门对面3米左右建有一照壁，已拆毁，未修复。

前院的正厅与门庭相对，坐落于五级台阶上，为汉式青砖起脊瓦房，满面门窗，设有檐廊。屋脊为镂空牡丹砖雕，两端各是一大张口兽，屋顶四角各置一小张口兽，是该旗札萨克办公和会客的地方，正厅两侧的耳房为藏式建筑。前院的东西厢房均为藏式祭祀建筑；西厢房和东厢房均为住所，南房则为王爷的厨房和库房。

王府后院于1936年翻新完工，占地面积1166.27平方米，建筑面积574.66平方米。1944年后，该旗札萨克和部分王室成员迁到此院办公居住。后院由正厅、偏殿、东西厢房等组成，院内的四角分置4个蒙古包，供季节变化更替使用。正厅和偏殿均坐落于五级砖石台基上，为汉式起脊青砖瓦房，亦设有檐廊，台基的中部东西各置一猛虎石雕；其屋脊的底部为波浪纹镂空砖雕，上部由3对二龙戏珠和牡丹花纹砖雕，屋脊的两端和屋顶四角均置有一张口兽。正厅屋内为一进两开，正中是供奉神佛和先祖成吉思汗英灵的地方，札萨克大印也在此供祭；东间为札萨克居所，西间为札萨克召集会议的小会议室，一些旗内的大事，均在此议定。东西厢房均为汉式平房，设有檐廊，屋顶前檐各相对置4个张口兽。东厢房北一间为厨房，中、南间为住所，西厢房为接待重要客人之所。后院的所有房屋除各种纹饰的砖雕外，还雕有寓意"福""禄""寿"的十余幅砖雕。

清顺治六年（1649年），清政府对鄂尔多斯部落分旗而治，设一盟、置六旗。额璘臣被清廷封为多罗郡王，并任伊克昭盟第一任盟长，其封地为鄂尔多斯左翼中旗，俗称"郡王旗"。从额璘臣任郡王旗第一任札萨克（即王爷）以来，各旗世袭札萨克职位的历十六代，由于历代王爷的世袭更替，其王府亦不断迁徙。郡王府始建于台吉召，当时只有14个蒙古包；之后又迁往昌汗伊力盖召，王府的住所为12间砖瓦房和12间土建平房；随后又迁往察汗淖尔（西红海子）畔的吉盖特拉，其住所为14个蒙古包；同治年间，王府又迁往独贵希里，其住所仍为14个蒙古包；到光绪初年，王府迁至现存郡王府所在地东0.5公里的乌兰木独、独贵什里等地，王府住所为15间砖瓦房和几座蒙古包。

光绪二十八年（1902年），该旗第十四代札萨克特克斯阿拉坦呼雅克图袭位后，王府正式迁至现郡王府所在地，其住所为半砖木结构的9间正房和6间土建平房，并用沙柳扎围做院。对郡王府这一

前院正厅

龙纹砖雕

后院正厅

驻地，一些史料典籍均有记载，《清史稿》、《蒙古游牧记》、《伊克昭盟志》（1939年成书）等均有记载，准确说明了郡王府的地理方位。

民国十七年（1928年）该旗第十五代札萨克图布升吉尔格勒多罗郡王，请来山西偏关匠人宋二等30余人，开始对郡王府翻新建设，到民国二十五年（1936年）完工，整个工程耗资13800余银元，相当于该旗一年半的财政收入。

伊金霍洛旗郡王府是鄂尔多斯市境内唯一保存完整的王府。所在地是经过精心选择的风水宝地。据调查，王府这一驻地是由当时鄂尔多斯地区著名活佛选定的，其独特的自然景观有着深刻的寓意：王府北边的都凌嘎山如雄伟壮观的二龙戏珠，东西对称的双诺古吉山与尚比山如同文官和武将，南部的名章嘎锡里的小山丘极象檀香桌，东西红海子如王爷面前斟满奶酒的金碗，而从南向北流入东、西红海子的9条溪水如同9条游龙注入"金碗"，使之取之不尽、用之不完。王府西北约1里外的什拉台格如飞禽之王的鲲鹏独立，东北1公里外的名纳林高勒的小河如驾雾腾云的飞龙，西南2公里外的乌西喜峰如同雄狮横卧，东南1公里外的布尔陶亥如同猛虎的雄姿；王府的驻地在一块高台地上，远看犹如一支金桌直立，处于这些大力神的维护之中。

‖58‖ 准格尔旗庙塔石窟

撰稿：包蕾　刘长征
摄影：王永胜　胡春柏

鄂尔多斯市重点文物保护单位。

位于准格尔旗薛家湾镇永胜壕村城塔社北约3公里，东临黄河。

庙塔石窟又叫察罕固少召（汉译为白色的塔），高地平缓处有一座石砌佛塔，石塔依山傍水，蔚为壮观。佛塔由上下两个面朝东北的窑式佛龛组成，龛额上部有两组突檐，上组突檐由两层石片构成，

下组突檐由三层石片构成，其中，龛额顶部有一块上刻藏文的眉石正嵌于下组檐之中，使塔身近似于塔型。佛塔正面有一碑座，碑座正面有二狮戏球的浮雕图案，甚是精美。

从佛塔北侧至东侧的坡地上依山建有32个洞窟，分为三层，鳞次栉比，别具特色。其中，北侧为窑窑相连、洞洞相通的

庙塔石窟全景

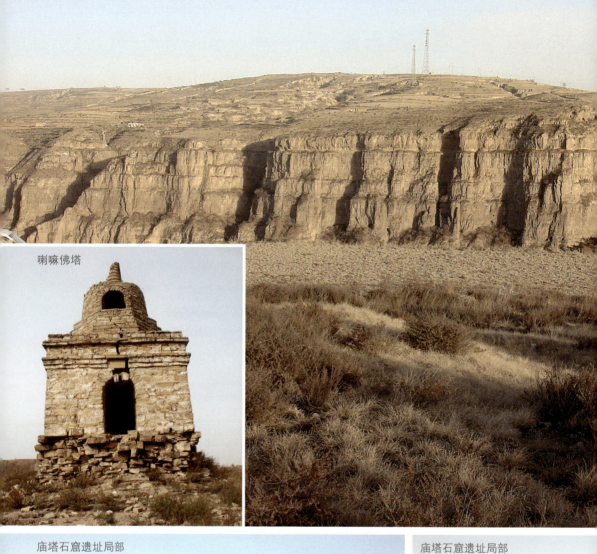

庙塔石窟遗址东部

喇嘛佛塔

庙塔石窟遗址局部

庙塔石窟遗址局部

石砌多孔窑洞，窑洞共分三组，每组都有石砌围墙，坐北朝南，呈一字形排开，每一洞室均有佛龛，是供佛和讲经的地方。佛塔东北侧的台地上摆有两尊石香台和两尊石狮子，雕刻比较精巧。东侧均为窑窑相连的单孔窑，多为石砌窑洞，分三层，呈梯形。多为喇嘛居室，有文献记载，召庙在繁盛时期僧侣多达30人。其中，在最底层东侧有一石砌窑洞，洞室内绘有飞龙、神火、神像人物图案，十分精美。在离石塔的背面10米处，有敖包一组，由13个组成，由中间向南北方向排列，中间的为最大敖包，圆形，周长为12米，上有正方形的佛龛，有香火残迹，敖包中空；以中间敖包为主，南北两边分别有6个小敖包，直径1米。

初步推测，石窟寺的主要使用年代为清朝时期。陕西省古建筑设计研究所副所长贺林研究员指出：庙塔石窟，与开凿于崖壁上的石窟寺有很大的区别，它是用条石砌筑成洞窟的造型。集塔、洞窟、塑像、壁画为一体的石窟，这种组合形式比较新颖和独特，目前在全国其他地方还没有发现。

窟内壁画

‖59‖ 乌审旗特格音敖包

撰稿：卢悦　白庆元
摄影：白庆元

鄂尔多斯市重点文物保护单位。

位于乌审旗苏力德苏木塔来乌素嘎查五社，高台地上，东北侧有一很大的沙梁，四周地势较低。

敖包面积约28000平方米。主敖包西侧为广场，一条石子路由北向南直达敖包。西侧有两间砖结构的蒙古包，北侧坡底有三间济萨房。

特格音敖包是与蒙古族古老的萨满教有渊源关系的地区性敖包，不隶属于乌审旗任何一个哈然苏木和姓氏宗教，是由陶利、新庙、塔来音乌素、乌丁柴达木等地的僧俗群众及商家边客，为了自己的畜群繁殖、财源茂盛而祭祀的土地神敖包。每年农历五月十三日祭祀，该敖包祭祀以丰盛著称，每次祭祀参加者可达五六百人，

特格音敖包全景

主敖包

十二个小敖包

献四五十只全羊秀斯。

敖包，又称"鄂博"、"脑包"、"堆子"、"石堆"、"鼓包"。蒙古语即"堆子"，意为木、石、土堆。指的是在一定的区域内，选择一个幽静、高峻的地方，用石头堆起的圆形堆。《中华全国风俗志·卷九》云："鄂博随在皆有……其形圆，其顶尖，颠立方角蒙经旗，其上下则埋哈达一方，粮食五种，银数钱，每年必一祭。"阮葵生《蒙古吉林风土记》云："垒石象山冢，悬帛以致祷，报赛则植木表，谓之'鄂博'，过者无敢犯。"最初敖包为道路和境界的标记，因为草原广阔无垠，故在游牧交界之所或在辨别方向上垒石为记，谓之曰敖包。在漫长的历史发展中就演变成了祭山神、路神的地

方，以祈求平安无事，旅途顺利。敖包神也被视为氏族保护神，故而祭敖包成为蒙古族重要的祭祀仪式。萨满教视敖包为神灵所居和享祭之地，祭敖包是萨满教的重要活动。明代鄂尔多斯部入居河套后，传统的原始萨满祭祀文化受到藏传佛教喇嘛教格鲁派（黄教）影响，发生了很大变化，藏传佛教取代萨满教成为鄂尔多斯地区的主要宗教。此后敖包祭祀活动仍然举行，只是仪式有所变化，萨满跳神一般已改为喇嘛念经。

特格音敖包始建于清代，且沿用至今，对研究敖包祭祀文化、宗教信仰有较高的历史文化价值。

济萨房

近现代

　　鄂尔多斯市境内共有近现代遗存78处。

　　民国时期，鄂尔多斯地区继续实行盟旗制度。1912～1913年，鄂尔多斯七旗王公反对外蒙古库伦分裂势力的"独立"活动，赞同"共和"，维护了国家的统一。民国政府实行的"移民开垦"政策，特别是"军垦"，导致了"三二六事变"。后鄂尔多斯抗垦和反封建压迫斗争的"独贵龙"运动风起云涌，席尼喇嘛成为代表人物。近代鄂尔多斯是内蒙古开展红色革命活动最早的地区之一。中共三段地工委旧址和中央民族学院城川旧址见证了中国共产党在鄂尔多斯地区的早期革命活动。

　　1949年，伊克昭盟解放，原伊克昭盟行政公署设在东胜市。该时期东胜的代表性建筑——伊克昭盟行政公署办公楼和伊克昭盟中学礼堂作为文物保护单位得以保留。2001年，国务院批准撤销伊克昭盟，设立地级鄂尔多斯市。

‖60‖ 鄂托克旗迪雅阿贵庙

撰稿：李双　前途
摄影：吉仁太　前途

内蒙古自治区重点文物保护单位。

位于鄂托克旗棋盘井镇乌仁都西嘎查桌子山西侧大峡谷中。

1924年，著名医学家扎拉森敖斯尔班智达在这里修建了佛教寺庙，赐名阴阳极乐寺（藏名：额王·德庆林寺，蒙译：阿日嘎比利格·阿木古朗苏木），成为我国四大胜乐金刚圣地之一。自此，迪雅阿贵庙成为佛事活动的重要场所。由于迪雅阿贵庙山区产200多种草药和珍稀植物，并

全景

天然溶洞

天然溶洞及庙

由崖壁中流出富有疗效的优质矿泉水，亦成了蒙藏医药研究和治疗圣地。

迪雅阿贵庙建在桌子山西侧大峡谷中的一开阔地，总面积48060平方米。由大经殿、坛城殿、舍利殿等5座寺庙建筑和周围的13个天然溶洞庙组成。迪雅阿贵庙的古建筑区主要分布在庙址北部区域，全部为石砌建筑，大厅、祭祀台以及其他建筑均依山势而建。石砌台面与台阶基本完好，北部与西部有石砌护坡与引水道，部分已坍塌。周围共有13处石窟，是修炼用的天然山洞，现保留部分石墙与台阶。庙址南部有五股泉水。现阶段庙址保存较好，该庙对于研究民国年间本地区佛教活动提供了重要的信息，现已开发为旅游区。

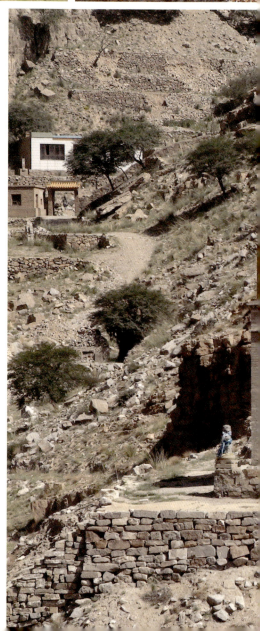

天然溶洞

大厅

祭祀台

石墙与台阶

‖61‖ 鄂托克前旗中共三段地工委旧址 ——

撰稿：甄自明　张旭梅
摄影：李双

内蒙古自治区重点文物保护单位。

位于鄂托克前旗敖勒召其镇三段地社区北300米处。

占地面积2350平方米，有正房九间，东西厢房各5间，均为干打垒式平房。主体建筑有土木结构平房5间，坐北向南，外观为三门两窗，木门、木窗（内置钢窗），其中中间三间为一明一暗结构，明间现为第一展室，主要是文字和图片资料；暗间为实物展厅，展出实物7件。主房后有炮台1座，为土夯筑，大致呈正方形，边长2.2，残高0.9米。还有围墙、马圈炮台、水井和用于掩护的商号"公盛喜"。1983年，三段地乡政府为纪念老革

远景

房址

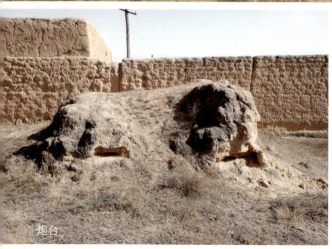

炮台

展室

命根据地和教育子孙后代，曾修建工委旧址，曾有土房3间，为土木结构，内存党旗和曾经在工委工作过的革命前辈们的照片以及桌椅等物品。

1936年，中共代表在伊克昭盟宣传共产党的民族政策，团结蒙、回、汉各民族共同抗日，在此成立了中共三段地工委和牧民招待所。1947年，伊盟工委改为伊东、伊西工委，伊西工委以原三段地工委为基础组成。

62 鄂托克前旗中央民族学院城川旧址

撰稿：甄自明　张旭梅
摄影：李双

内蒙古自治区重点文物保护单位。

位于鄂托克前旗城川镇城川嘎查中学校园内。

旧址原为城川寨子，院落坐北朝南，夯筑围墙，南北200米，东西186米，东、北、西三面墙体保存完好，南墙已无痕迹，墙基宽3米，残高3.5～3.8米。后墙外耕地内有少量砖块等建筑构件。早年存有平房4间，土木结构。

2002年9月建立了延安民族学院城川纪念馆，该馆占地面积375平方米，馆内"延安民族革命史陈列展"，内设三个展室，共展出图片259张、图书22册、文物17件。

1941年9月18日，被誉为"中国第一所培训少数民族干部的高等学府"的延安民族学院在革命圣地延安诞生。1944年4月，党中央为了进一步发动各民族的抗

远景

城墙

旧砖房

展厅

日运动，决定将民族学院（蒙古族、回族学员和部分工作人员）从延安大学分离出来，迁到接近少数民族地区的定边，与三边师范合并，改名为三边公学。1945年2月21日，中共西北局在城川重建伊盟公委后，于3月将民族学院从三边公学分出，迁到少数民族地区的鄂托克旗城川，改称城川民族学院。学院归伊盟工委领导，赵通儒书记兼院长，副院长王铎，教育长宗群、王铎。它为我党进行的抗日战争和解放战争培养了一大批少数民族干部，也为全国解放后的社会主义建设培养了一大批优秀的领导骨干和民族工作者。

‖63‖ 东胜区伊克昭盟中学礼堂 ————

撰稿：李双　齐杭生
摄影：辛元盛

内蒙古自治区重点文物保护单位。

位于东胜区宝日陶亥东街9号。东邻"伊盟革命烈士纪念碑"及伊克昭公园，西邻"伊克昭盟行政公署办公楼"（现为鄂尔多斯革命历史博物馆），南靠鄂尔多斯广场。

伊克昭盟中学礼堂于1952年建成，1992年对该礼堂进行了全面修缮。

伊克昭盟中学礼堂整体结构保留原貌。占地面积为468平方米，坐北朝南。正面为六根方形柱，中两柱间为正门，左右为两侧门。门上部有突出部分为观礼阳台，与内二层相通，阳台有"礼堂"二字（20世纪六七十年代被毁），阳台门上两柱中间上部有五角星图案，观礼阳台两侧柱间有方型二层窗户，中有"和平鸽"对称装饰（20世纪六七十年代被毁），两侧门上方柱间为二层窗户。礼堂外两侧各有11根方形柱，柱之间有二层窗户排列，东侧有安全大门。礼堂顶部为砖瓦起脊庑殿顶。礼堂正门对应为二道门，左侧为楼梯，右侧为一小屋。二道门进去有8根圆柱撑起小二层。大厅北侧有舞台，左侧为更衣室，右侧为舞台入口门，舞台前端两侧有小阶梯。礼堂大厅为水磨石地面，天花顶为五合板平面装饰。整体建筑风格大气、厚实。

伊克昭盟中学礼堂是新中国成立以来伊克昭盟第一中学发展壮大的历史见证，是20世纪50年代与伊克昭盟行政公署办公楼、成吉思汗陵齐名的伊克昭盟"三大景观建筑"。

落成典礼

伊克昭盟中学礼堂不仅是当时伊中学子的骄傲，也是当时伊克昭盟文化、政治活动的重要场所，伊克昭盟的大型会议、重要活动多在这里举行。原鄂尔多斯市老领导暴彦巴图回访时，在伊克昭盟中学礼堂里深情地说，这里是当年筹备建设行署和成陵的地方，要好好保护起来。

礼堂正面

礼堂左侧面

礼堂右侧面

64 东胜区伊克昭盟行政公署办公楼

撰稿：甄自明　齐杭生
摄影：甄自明　郭俊成

内蒙古自治区重点文物保护单位。

位于鄂尔多斯市东胜区公园街道育才社区宝日陶亥街1号，地处市区中心。

伊克昭盟行政公署办公楼总面积3663平方米，其中三层面积为1221平方米。建筑形式为仿古庑殿顶式砖木结构。现在，建筑东西共22间，东端向北凸出4间，总体平面呈"L"形。共有三层，正面中部为四间，大门宽两间，门内柱子和墙壁为汉白玉装饰，大门为玻璃、铝合金制

作，大门前6米处为中华人民共和国国旗旗座和旗杆，大门两旁各有石狮一座，大门东侧南壁旁立有保护碑两块；中部两旁东、西两部分各9间，每间有窗户一面；二层的中部为四间，有阳台和门窗，中部两旁东、西两部分各9间，每间有窗户一面；三层的中部为四间，有阳台和门窗，中部两旁东、西两部分各9间，每间有窗户一面；三层上方的庑殿顶三角区域悬挂巨大国徽一枚。进入办公楼内部一层，中

伊克昭盟行政公署办公楼全景

20世纪80年代伊克昭盟行政公署办公楼

间为大厅，在大厅北侧有步梯通往二楼，步梯下有后门可出入，大厅中有东西向走廊一道，在走廊东端向北折通，走廊整体平面呈"L"形，通过走廊可以到达各个办公室，走廊西端有门可出入；二楼正中北侧有步梯通往三楼，有东西向走廊一道，在走廊东端向北折通，走廊整体平面呈"L"形，通过走廊可以到达各个办公室，走廊西端有楼外步梯可通地面；三楼走廊中间有"鄂尔多斯革命历史陈列"大幅展示牌，步梯墙壁上挂满反映鄂尔多斯市历史、文物遗迹的大幅宣传画。

伊克昭盟行政公署办公楼始建于1954年，建筑用途为伊克昭盟行政公署办公使用。原为二层，1982年进行抗震加固并扩建为三层。2001年国务院批准撤销伊克昭盟，设立鄂尔多斯市，至2007年该建筑为鄂尔多斯市人民政府办公楼。2008年，经鄂尔多斯市人民政府批准和拨款，鄂尔多斯青铜器博物馆对办公楼三层内部进行维修装饰，各办公室按情况和需要分别打通

连接，地面铺设地板砖，墙壁进行维护和装饰，并在适当位置装设展柜摆放文物，完成了鄂尔多斯革命历史展览陈列。现在，伊克昭盟行政公署办公楼归鄂尔多斯革命历史博物馆展览和办公使用。

伊克昭盟的形成，应溯源于明朝成化年间，蒙古族鄂尔多斯部落迁居河套时期。15世纪中叶，蒙古鄂尔多斯部入居河套地区，始称"鄂尔多斯"。鄂尔多斯，蒙古语，意为"众多宫殿"，是一块古老而神奇的土地。清顺治六年（1649年），清朝将蒙古族鄂尔多斯部落分为7个旗：鄂尔多斯左翼中旗（原郡王旗）、鄂尔多斯左翼前旗（现准格尔旗）、鄂尔多斯左翼后旗（现达拉特旗）、鄂尔多斯右翼中旗（现鄂托克旗）、鄂尔多斯右翼前旗（现乌审旗）、鄂尔多斯右翼后旗（现杭锦旗）、后增设鄂尔多斯右翼前末旗（原札萨克旗）。光绪三十三年（1907年），清朝在鄂尔多斯左翼中旗东部被开垦的地区设东胜厅。清王朝在蒙古地区实行盟旗制度，鄂尔多斯七旗会盟于伊克昭（蒙语，大庙之意），故名为"伊克昭盟"。

民国初年，中华民国在当时的鄂尔多斯仍设7旗1厅。1912年，将东胜厅（在今罕台镇）迁至今羊场壕乡，改置东胜县。1936年2月，在乌审旗西部思家洼成立乌审旗苏维埃政府；3月，撤销乌审旗苏维埃政府，后设中共乌审旗工委；10月，在鄂托克旗南部设中共三段地工作委员会，后又成立中共伊克昭盟工委。1937年9月设鄂托克旗工作委员会。1938年，在伊克昭盟桃力民建立了中共伊克昭盟工委。1939年9月成立中共准格尔旗工委。1942年，在三段地成立鄂托克旗工委，在城川成立特

三段地工委大刀

席尼喇嘛用过的铜杯

独贵龙战士用过的手枪

别区委。1946年3月成立乌审旗蒙汉自治联合会、三段地蒙汉自治联合会、城川蒙汉自治联合会；1947年2月，伊克昭盟工委分为伊东工委和伊西工委；10月，成立准达工委。1949年3月11日，达拉特旗工委成立；5月1日，伊东、伊西两个工委合并，成立中共伊克昭盟委员会；5月22日，成立伊克昭盟自治政务委员会；7月25日，中共伊克昭盟委员会主持组建乌审旗党委、鄂托克旗党委、达拉特旗党委、准格尔旗党委、东郡工委、杭锦旗党委、桃力民工委、通格朗直属区工委；12月28日，伊克昭盟人民自治政务委员会改称绥远省伊克昭盟人民自治政府。

1949年以来，全盟解放，伊克昭盟自治政务委员会宣告成立。以后原有区划多次变动，但仍以长城和黄河为盟境四周界线，一直沿袭至今。原伊克昭盟行政公署设在东胜市，全盟行政区设东胜市、达拉特旗、准格尔旗、伊金霍洛旗、杭锦旗、乌审旗、鄂托克旗等1个市、7个旗、60个镇、41个乡、13个苏木。1952年将郡

王旗、札萨克旗合并为伊金霍洛旗。1980年，将鄂托克旗划分为鄂托克旗和鄂托克前旗。1983年10月将东胜县改为东胜市。

2001年2月26日，国务院批准同意撤销伊克昭盟和县级东胜市，设立地级鄂尔多斯市。市人民政府驻新设立的东胜区。

伊克昭盟行政公署办公楼有如下重要价值：1.建筑式样为传统和现代相结合的仿古庑殿顶式砖木结构。2.为鄂尔多斯市仅存且保存完整的20世纪50年代典型建筑。3.见证了自1954年伊克昭盟行政公署进驻以来，历届伊克昭盟行政公署以及2001年至2007年鄂尔多斯市人民政府建设鄂尔多斯、发展鄂尔多斯的历史进程。改革开放以来，一系列促进鄂尔多斯大发展的重大方针、政策的决策、发布等均出自这幢建筑。4.现为内蒙古自治区爱国主义教育基地。5.为鄂尔多斯市（伊克昭盟）的历届老领导、老同志以及鄂尔多斯的建设者们缅怀过去、总结经验、发扬传统、展望未来的重要地点。

‖65‖ 乌审旗席尼喇嘛纪念塔

撰稿：卢悦　白庆元
摄影：白庆元

鄂尔多斯市重点文物保护单位。

位于乌审旗嘎鲁图镇苏里格街和乌审街之间。纪念塔建于公园的最高处，巴音路西侧的八级台阶上，一条笔直的大理石大道通向纪念塔。纪念塔西侧为对称的大型雕塑，每幅长40、高2.5米，再向西的圆形台基上为11位蒙古勇士各骑一匹骏马的大型雕塑。

席尼喇嘛，原名乌力吉吉日嘎拉，清同治五年（1866年）出生于乌审旗壕莱订拉根柴达木（今陕西省榆林市壕莱图乡）贫苦牧民敖其尔家里。乌力吉吉日嘎拉由于家境贫寒，刚满7岁便给富人放牧。17岁时，应征到乌审旗王府服杂役。五年里，他向人求教刻苦自学，终于能够写些短文和诗歌。1887年被提升为旗衙门笔帖式（文字秘书），由于他富有才干，几年后又晋升为领班京肯笔帖式。从此，他开始参与王府政务。

这时，正是清廷日益腐朽没落，帝国主义侵略瓜分中国，各族人民奋起反抗斗争的时代。鄂尔多斯高原上连续爆发了反侵略、反压迫的"独贵龙"运动。乌审旗的革命斗争浪潮，深刻地影响了年轻的乌力吉吉日嘎拉，使他很早就秘密地参加了

"独贵龙"运动。1912年，"独贵龙"组织在海流图"纳米库"召开的会议上席尼喇嘛当选为工会主席。1913年11月，席尼喇嘛同70多人结拜为弟兄，这就是鄂尔多斯历史上著名的"70安达独贵龙"。期间反动派多次镇压乌审旗"独贵龙"运动，席尼喇嘛领导着"独贵龙"群众同封建统治阶级展开了针锋相对的斗争。

1921年，席尼喇嘛结识了革命先驱李大钊同志，开始接触马列主义、共产主义。这期间俄国的"十月革命"、中国的"五四"运动、中国共产党的创立，促使席尼喇嘛的革命思想有了重要发展。1926年，他组建了内蒙古人民革命军，建立了第一支人民武装，使"独贵龙"运动进入了武装革命斗争的新时期。这期间席尼喇嘛领导的武装，对封建势力和反动军阀进行了沉重的打击，保卫了人民的胜利果实。

广场

　　为了纪念席尼喇嘛这位民族英雄，1958年，乌力吉吉尔格拉（席尼喇嘛）纪念塔落成，坐落在原革命烈士纪念塔东侧，塔座六棱式，两边各有路阶，直径9.9米，塔座上有花栏墙，高0.7米，塔高9米，塔腰为方形，塔顶为三角形，塔身为蒙汉两种文字刻写的"纪念席尼喇嘛英雄"等，顶部为红色五角星。整体为水泥砖混建。

　　1959年，重新补修纪念塔。塔身为方形，中部存放有席尼喇嘛的骨灰和妻子的遗骨，塔顶由原来的三角形改为四方尖锥体，四面有字，顶部保留红色五角星。1968年，席尼喇嘛烈士被全盘否定，纪念塔被炸毁。

　　1984年8月，席尼喇嘛纪念塔重新动工修建。次年举行落成典礼仪式。整个陵园占地面积27000平方米，建筑面积3615平方米。塔身为钢筋砖混砌体，主塔高14.8米，塔基高2米，四面各有路阶，每阶11级，基座四周有花栏墙围护，内四角立4盏华灯。塔座中腰有一大圆盘，盘周围有直径40厘米的11个圆孔，圆盘上部有一大一小两层琉璃瓦坡檐，均为圆型体。坡檐中间为四方柱八棱体，大理石贴面，北部嵌有时任内蒙古自治区人民政府主席布赫题写的"席尼喇嘛纪念塔"七个大字，南部为蒙文译文，塔的顶部为一个尖圆椎体。

　　纪念塔的整体构图基础为正圆形，它是从"独贵龙"的涵义中引申出来，其中，纪念塔主体的各个部分塔座、圆盘、塔檐、塔椎，均为圆形。圆盘上的11个圆孔代表着经席尼喇嘛领导的11个"独贵龙"组织紧密团结在一起。其所用建筑材料和构造也突显出当地的传统风格和民族特色。

‖66‖ 乌审旗独贵龙运动旧址

撰稿：甄自明　白庆元
摄影：白庆元

全国重点文物保护单位。

位于乌审旗嘎鲁图镇布寨嘎查。旧址西侧有三棵榆树，院内及四周都有树木。旧址地处原嘎鲁图苏木人民政府所在地，四周都有建筑，南侧为原政府办公楼，有3栋房屋，北侧有三栋东西排列的房屋，东侧为库房，西侧有一条公路通往乌审旗。

"独贵龙"运动旧址原为乌审旗畏古尔津合然所属之庙，初建于1663年，曾三拆四建。今"独贵龙"运动旧址是1985年在原嘎鲁图庙吉萨房的基础上重新修建的，占地面积437平方米，建筑面积88平方米，为砖木结构。共分三个陈列室进行文物存放和展出。其中骑兵十二团陈列室主要介绍有关席尼喇嘛的生平简介及历史评价，包括"独贵龙"运动简介、席尼喇嘛革命活动示意图、部队十八次战役基本情况表和十二团组织机构示意图，并陈列了席尼喇嘛生前用过的地毯、铜壶、

全景

牌匾

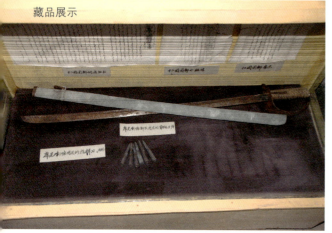

藏品展示

油灯、木茶碗、炕桌、炕柜、竖柜和他本人的铜塑像等遗物。第一、二辅助陈列室主要介绍他一生的丰功伟绩，并附有当时的照片，陈列出了席尼喇嘛的家谱、八十斤重的镣铐、"独贵龙"运动中战士穿过的靴子、席尼喇嘛生前戴过的礼帽和喇嘛帽、"独贵龙"运动中签名单、席尼喇嘛生前用过的牛皮干粮袋、量米的器皿、檀

香木盘、铁锁、鼻烟壶、祭祀器皿、茶叶锥、桶子、铁锅、灶、军饷、子弹、指挥刀、文件盒、木枕、火镰、书籍和蒙古诗人贺希格巴图与席尼喇嘛之间的密信及党部有关文件的复印件等。

"独贵龙"为蒙古语，意为环形圆圈，是蒙古族群众近代反帝反封建的一种形式，参加者将名字呈环形地写在名簿上，分不出谁是头目。这里曾是"独贵龙"运动的总部和重要根据地，乌审旗"独贵龙"运动著名领袖席尼喇嘛1919年被捕后，曾在此遭到严刑拷打。1924年出狱后到蒙古国考察学习，加入内蒙古人民革命党。1925年当选为中央执委，1926年组建内蒙古人民革命军十二团，任团长，总指挥部即设于此。该遗址对研究"独贵龙"运动的发展过程和席尼喇嘛光辉而伟大的一生具有十分重要的地位。

附 录

附　录 **目录**

表一　鄂尔多斯市全国重点文物保护单位名单

序号	公布名称与单体名称		时代	公布批次	所在旗县（区）
1	成吉思汗陵		1954年迁建	第二批	伊金霍洛旗
2	阿尔寨石窟		西夏	第五批（特批）	鄂托克旗
3	萨拉乌苏遗址		旧石器时代	第五批	乌审旗
4	长城	战国秦长城	战国	第五批	东胜区　达拉特旗　准格尔旗　伊金霍洛旗
		秦长城	秦代	第六批	达拉特旗　鄂托克旗
		隋长城	隋代		鄂托克前旗
		宋长城（北宋烽燧线）	北宋		准格尔旗
		明长城	明代		准格尔旗　鄂托克前旗　鄂托克旗
5	十二连城城址		隋至唐	第六批	准格尔旗
6	城川城址		唐代	第六批	鄂托克前旗
7	霍洛柴登城址		汉代	第六批	杭锦旗
8	"独贵龙"运动旧址		1919～1921年	第六批	乌审旗
9	朱开沟遗址		新石器时代至商	第六批	伊金霍洛旗
10	秦直道遗址		秦代	第六批	东胜区　伊金霍洛旗　达拉特旗
11	寨子圪旦遗址		新石器时代	第七批	准格尔旗
12	准格尔召		明代	第七批	准格尔旗
13	桌子山岩画群		新石器时代（青铜时代至明清时期）	第七批	鄂托克旗
14	沙日特莫图庙		清代	第七批	杭锦旗

表二　鄂尔多斯市自治区级重点文物保护单位名单

序号	公布名称与单体名称	时代	公布批次	所在旗县(区)
1	达拉特旗敖楞讨勒亥汉墓群	汉代	第三批	达拉特旗
2	准格尔旗油松王	宋代	第三批	准格尔旗
3	准格尔旗王府	清代	第三批	准格尔旗
4	鄂托克前旗中共三段地工委旧址	1936年	第三批	鄂托克前旗
5	鄂托克前旗中央民院旧址 （中央民族学院城川旧址）	1943年 （1945年）	第三批	鄂托克前旗
6	鄂托克旗查布恐龙足迹化石区	旧石器时代	第三批	鄂托克旗
7	杭锦旗扎尔庙东汉古城 （扎尔庙城址）	汉代	第三批	杭锦旗
8	乌审旗三岔河城址及墓群	西夏 （西夏　元代）	第三批	乌审旗
9	乌审旗翁滚梁古墓群	北朝　明代 （北朝）	第三批	乌审旗
10	伊金霍洛旗郡王府	清代　民国	第三批	伊金霍洛旗
11	卢家社墓群（乱圪旦梁墓群）	汉代	第四批	东胜区
12	伊克昭盟中学礼堂	1952年	第四批（特批）	东胜区
13	伊克昭盟行政公署办公楼	1954年	第四批（特批）	东胜区
14	哈勒庆壕城址	汉代	第四批	达拉特旗
15	展旦召	清代	第四批	达拉特旗
16	苏坝海子墓群(黑疙瘩墓群)	汉代至南北朝	第四批	鄂托克前旗

序号	公布名称与单体名称	时代	公布批次	所在旗县(区)
17	巴郎庙城址	唐代	第四批	鄂托克前旗
18	大池城址	唐代	第四批	鄂托克前旗
19	乌兰道崩城址	唐代	第四批	鄂托克前旗
20	查干巴拉噶苏城址	唐代	第四批	鄂托克前旗
21	王震井	1944年	第四批	鄂托克前旗
22	百眼井遗址	西夏至元明	第四批	鄂托克旗
23	阿贵塔拉石窟	元代	第四批	鄂托克旗
24	苏里格庙	清代	第四批	鄂托克旗
25	迪雅阿贵庙	1921年	第四批	鄂托克旗
26	郭梁墓群	南北朝至唐代	第四批	乌审旗
27	十里梁墓群	五代至宋代	第四批	乌审旗
28	海流图庙	清代	第四批	乌审旗
29	陶庙	清代	第四批	乌审旗
30	乌审召	清代	第四批	乌审旗
31	新庙（道亥召）	清代	第四批	伊金霍洛旗

表三 鄂尔多斯市市县级重点文物保护单位名单

序号	公布名称与单体名称	时代	保护级别及批次	所在旗县（区）
1	苗齐圪尖古城址（苗齐圪尖城址）	汉代	市级 第一批	东胜区
2	昭君坟遗址	秦代	市级 第一批	达拉特旗
3	康家湾古城遗址	汉代	市级 第一批	达拉特旗
4	柳沟古城遗址	唐代 西夏	市级 第一批	达拉特旗
5	西沟畔匈奴墓（西沟畔墓地）	战国（战国 汉代 北朝）	市级 第一批	准格尔旗
6	马三窑子汉墓群遗址	汉代	市级 第一批	准格尔旗
7	广衍县故城	汉代（战国 汉代）	市级 第一批	准格尔旗
8	城壕故址	汉代	市级 第一批	准格尔旗
9	城坡古城遗址（城坡城址）	汉代（西夏）	市级 第一批	准格尔旗
10	美稷古城遗址（美稷故城）	汉代	市级 第一批	准格尔旗
11	石子湾古城（石子湾城址）	北魏	市级 第一批	准格尔旗
12	丰州城遗址（丰州城）	宋代	市级 第一批	准格尔旗
13	呼和淖古城	汉代	市级 第一批	鄂托克前旗
14	大场子城址	汉代	市级 第一批	鄂托克前旗
15	凤凰山墓地	汉代	市级 第一批	鄂托克旗
16	察汉淖墓地	汉代	市级 第一批	鄂托克旗

序号	公布名称与单体名称	时代	保护级别及批次	所在旗县（区）
17	水泉子古城	汉代	市级　第一批	鄂托克旗
18	木肯淖古城	汉代	市级　第一批	鄂托克旗
19	包乐浩晓古城址	唐代	市级　第一批	鄂托克旗
20	黑龙贵节度使墓	五代	市级　第一批	鄂托克旗
21	陶斯图城址	西夏	市级　第一批	鄂托克旗
22	新其日嘎古城	元代	市级　第一批	鄂托克旗
23	乌仁都西敖包	清代	市级　第一批	鄂托克旗
24	乌兰陶勒盖古墓群 （乌兰陶勒盖墓地）	战国（汉代）	市级　第一批	杭锦旗
25	阿日柴达古墓群 （阿鲁柴登墓地）	战国	市级　第一批	杭锦旗
26	桃红巴拉尔古墓区 （桃红巴拉墓地）	战国	市级　第一批	杭锦旗
27	摩仁河古城遗址	汉代	市级　第一批	杭锦旗
28	敖楞布拉格古城	汉代	市级　第一批	杭锦旗
29	古城梁城址	汉代	市级　第一批	杭锦旗
30	昂拜淖古城	汉代	市级　第一批	乌审旗
31	育草站古墓群	汉代	市级　第一批	乌审旗
32	瓦片梁遗址	汉代	市级　第一批	乌审旗
33	呼和淖古城遗址	西夏	市级　第一批	乌审旗
34	蒙古大汗国九足白徽	明代	市级　第一批	乌审旗

序号	公布名称与单体名称	时代	保护级别及批次	所在旗县（区）
35	梅林庙	清代	市级　第一批	乌审旗
36	大石砭庙	清代	市级　第一批	乌审旗
37	巴图湾抗联旧址	近代	市级　第一批	乌审旗
38	奇国贤故居	近代	市级　第一批	乌审旗
39	乌兰木伦遗址	旧石器时代	市级　第一批（特批）	伊金霍洛旗康巴什新区
40	三套石圈遗址	夏商	市级　第一批	伊金霍洛旗
41	黄陶勒盖城址	汉代	市级　第一批	伊金霍洛旗
42	古城壕城址	汉代	市级　第一批	伊金霍洛旗
43	车家渠古城遗址（车家渠城址）	汉代	市级　第一批	伊金霍洛旗
44	红庆河城址	汉代	市级　第一批	伊金霍洛旗
45	乌兰敖包城址	汉代	市级　第一批	伊金霍洛旗
46	红旗梁墓群	汉代	市级　第二批	东胜区
47	巴音敖包遗址	元代	市级　第二批	东胜区
48	阿会石窟	待定	市级　第二批	东胜区
49	老爷庙遗址	夏商	市级　第二批	达拉特旗
50	城拐子城址	汉代　元代	市级　第二批	达拉特旗
51	架子坡遗址	唐代	市级　第二批	达拉特旗
52	王爱召遗址	明代	市级　第二批	达拉特旗

序号	公布名称与单体名称	时代	保护级别及批次	所在旗县（区）
53	哈什拉召	清代	市级　第二批	达拉特旗
54	包头临时县政府旧址	现代	市级　第二批	达拉特旗
55	大口遗址	新石器时代	市级　第二批	准格尔旗
56	城塔墓群	西周	市级　第二批	准格尔旗
57	榆树壕遗址	汉代　元代	市级　第二批	准格尔旗
58	城圐圙城址	宋辽金	市级　第二批	准格尔旗
59	古城渠遗址	宋辽金	市级　第二批	准格尔旗
60	庙塔（庙塔石窟）	清代	市级　第二批	准格尔旗
61	巴音查干遗址	新石器时代	市级　第二批	鄂托克前旗
62	哈扎布拉格西沙遗址	新石器时代	市级　第二批	鄂托克前旗
63	苏力迪城址	隋唐五代	市级　第二批	鄂托克前旗
64	巴格陶利城址	唐代	市级　第二批	鄂托克前旗
65	查干巴拉城址	唐代	市级　第二批	鄂托克前旗
66	呼拉胡城址	唐代	市级　第二批	鄂托克前旗
67	马良诚、顾寿山纪念碑	现代	市级　第二批	鄂托克前旗
68	希日高勒岩画	新石器时代	市级　第二批	鄂托克旗
69	乌兰哈达岩画	石器时代	市级　第二批	鄂托克旗
70	阿顿胡日也城址	汉代	市级　第二批	鄂托克旗

序号	公布名称与单体名称	时代	保护级别及批次	所在旗县（区）
71	八一水利墓群	汉代	市级　第二批	鄂托克旗
72	巴音敖包墓群	汉代	市级　第二批	鄂托克旗
73	大额尔和图敖包	元代	市级　第二批	鄂托克旗
74	托雷伊金祭奠遗址	元代	市级　第二批	鄂托克旗
75	伊连陶劳盖文化遗址（布和别里古台祭祀遗址）	元代至清代	市级　第二批	鄂托克旗
76	新召巴音敖包	元代	市级　第二批	鄂托克旗
77	苏米图敖包	清代	市级　第二批	鄂托克旗
78	鄂托克旗王爷府	清代	市级　第二批	鄂托克旗
79	海尔森城址	汉代	市级　第二批	杭锦旗
80	白音敖包墓群	汉代	市级　第二批	杭锦旗
81	乌兰阿贵石窟寺	明代　清代	市级　第二批	杭锦旗
82	铬针峁子墓群	汉代	市级　第二批	乌审旗
83	庙梁墓群	南北朝	市级　第二批	乌审旗
84	查干庙、敖包、苏力德	清代	市级　第二批	乌审旗
85	巴图湾水库及电站	近现代	市级　第二批	乌审旗
86	乌审旗革命烈士纪念塔	现代	市级　第二批	乌审旗
87	席尼喇嘛纪念塔	现代	市级　第二批	乌审旗
88	特格音敖包	待定（清代）	市级　第二批	乌审旗

序号	公布名称与单体名称	时代	保护级别及批次	所在旗县（区）
89	架子圪旦遗址	新石器时代 仰韶文化晚期	市级　第二批	伊金霍洛旗
90	白敖包遗址	新石器时代晚期至夏商	市级　第二批	伊金霍洛旗
91	电石湾城址	汉代	市级　第二批	伊金霍洛旗
92	白圪针墓群	汉代	市级　第二批	伊金霍洛旗
93	珠日和敖包	近现代	市级　第二批	康巴什新区
94	台什遗址	新石器时代	区级　第二批	东胜区
95	旧庙沟遗址	新石器时代	区级　第二批	东胜区
96	刘家梁遗址	新石器时代　汉代	区级　第二批	东胜区
97	吴坝塔城址	东周	区级　第二批	东胜区
98	城梁城址	秦汉	区级　第二批	东胜区
99	莫日古庆城址	汉代	区级　第二批	东胜区
100	海子湾城址	汉代	区级　第二批	东胜区
101	康仁梁城址	汉代	区级　第二批	东胜区
102	寨子梁城址	汉代	区级　第二批	东胜区
103	五颗圪旦墓群	汉代	区级　第二批	东胜区
104	台什墓群	汉代	区级　第二批	东胜区
105	任家沟墓群	汉代	区级　第二批	东胜区
106	大顺壕墓群	汉代	区级　第二批	东胜区

序号	公布名称与单体名称	时代	保护级别及批次	所在旗县（区）
107	台什沟墓群	汉代	区级　第二批	东胜区
108	墓虎圪旦墓群	汉代	区级　第二批	东胜区
109	邬满壕遗址	汉代	区级　第二批	东胜区
110	补洞沟墓群	汉代	区级　第二批	东胜区
111	袁家圪楞墓葬	汉代	区级　第二批	东胜区
112	敖包沟墓群	汉代	区级　第二批	东胜区
113	山神梁墓群	汉代	区级　第二批	东胜区
114	袁家村遗址	汉代	区级　第二批	东胜区
115	柳林沟遗址	汉代	区级　第二批	东胜区
116	白家梁遗址	汉代	区级　第二批	东胜区
117	韩家阳坡遗址	汉代	区级　第二批	东胜区
118	桃力庙址	明代	区级　第二批	东胜区
119	布日嘎斯太庙址	明代　清代	区级　第二批	东胜区
120	沙日塔庙址	清代	区级　第二批	东胜区
121	吉劳庆庙址	清代	区级　第二批	东胜区
122	哈日布拉格庙址	清代	区级　第二批	东胜区
123	塔拉壕供销社	20世纪50年代	区级　第二批	东胜区
124	罕台庙供销社	20世纪60年代	区级　第二批	东胜区

序号	公布名称与单体名称	时代	保护级别及批次	所在旗县（区）
125	泊江海子治沙站旧址	20世纪60年代	区级　第二批	东胜区
126	杨家圪楞观音庙	待定	区级　第二批	东胜区
127	神山敖包	待定	区级　第二批	东胜区
128	阿会梁敖包	待定	区级　第二批	东胜区
129	阿会梁庙址	待定	区级　第二批	东胜区
130	板素敖包	待定	区级　第二批	东胜区
131	敖包图敖包	待定	区级　第二批	东胜区
132	巴音孟克敖包	待定	区级　第二批	东胜区
133	巴音敖包墓葬	待定	区级　第二批	东胜区
134	巴音敖包	待定	区级　第二批	东胜区
135	盐店古生物化石遗址	新生代	旗级　第一批	达拉特旗
136	敖包梁古生物化石遗址	新生代	旗级　第一批	达拉特旗
137	瓦窑遗址	新石器时代　春秋　汉代	旗级　第一批	达拉特旗
138	田家圪旦墓群	新石器时代	旗级　第二批	达拉特旗
139	越家沟遗址	新石器时代	旗级　第二批	达拉特旗
140	枳机塔五社南梁遗址	新石器时代	旗级　第二批	达拉特旗
141	陈二壕遗址	新石器时代	旗级　第二批	达拉特旗
142	奎营生沟遗址	新石器时代　汉代	旗级　第二批	达拉特旗

序号	公布名称与单体名称	时代	保护级别及批次	所在旗县（区）
143	蒲圪卜遗址	新石器时代　汉代	旗级　第二批	达拉特旗
144	石哈拉沟北遗址	新石器时代　汉代　元代	旗级　第二批	达拉特旗
145	城圪梁城址	汉代	旗级　第二批	达拉特旗
146	杨圪楞壕墓群	汉代	旗级　第二批	达拉特旗
147	杨圪楞壕南墓群	汉代	旗级　第二批	达拉特旗
148	瓦罐坡墓群	汉代	旗级　第二批	达拉特旗
149	速机沟墓群	汉代	旗级　第二批	达拉特旗
150	石哈拉沟墓群	汉代	旗级　第二批	达拉特旗
151	江木图沟墓群	汉代	旗级　第二批	达拉特旗
152	白泥井墓群	汉代	旗级　第二批	达拉特旗
153	葬圪梁墓群	汉代	旗级　第二批	达拉特旗
154	全胜碾房墓群	汉代　元代	旗级　第二批	达拉特旗
155	张聋塔城址	汉代　元代	旗级　第二批	达拉特旗
156	庙渠遗址	汉代　元代	旗级　第二批	达拉特旗
157	田家圪卜西1号遗址	汉代　明代	旗级　第二批	达拉特旗
158	阿什泉林召	明代	旗级　第二批	达拉特旗
159	树林召	清代	旗级　第二批	达拉特旗
160	城塔烈士墓	民国	旗级　第二批	达拉特旗

序号	公布名称与单体名称	时代	保护级别及批次	所在旗县（区）
161	大沟湾萨拉乌苏动物群化石点	旧石器时代	旗级 第一批	鄂托克前旗
162	二道川林场南遗址	新石器时代	旗级 第一批	鄂托克前旗
163	科泊尔遗址	新石器时代	旗级 第三批	鄂托克前旗
164	明盖小队窑址	汉代	旗级 第三批	鄂托克前旗
165	红疙旦遗址	汉代	旗级 第三批	鄂托克前旗
166	三段地墓群	汉代	旗级 第三批	鄂托克前旗
167	嘎达苏西南遗址	汉代	旗级 第三批	鄂托克前旗
168	伊克柴达木遗址	汉代	旗级 第三批	鄂托克前旗
169	其巴嘎图西北遗址	汉代	旗级 第三批	鄂托克前旗
170	其巴嘎图西遗址	汉代 元代	旗级 第三批	鄂托克前旗
171	土贵遗址	汉代 元代	旗级 第三批	鄂托克前旗
172	吐克图遗址	元代 明代	旗级 第三批	鄂托克前旗
173	苏勒德遗址	唐代 西夏	旗级 第三批	鄂托克前旗
174	达延汗墓葬	元代	旗级 第三批	鄂托克前旗
175	阿日来庙	清代	旗级 第三批	鄂托克前旗
176	哈日更图庙	清代	旗级 第三批	鄂托克前旗
177	马拉迪旧庙房	清代	旗级 第三批	鄂托克前旗
178	杨虎城驻军旧址	民国	旗级 第三批	鄂托克前旗

序号	公布名称与单体名称	时代	保护级别及批次	所在旗县（区）
179	吉拉寨址	民国	旗级　第三批	鄂托克前旗
180	吐克图庙	民国	旗级　第三批	鄂托克前旗
181	六十棵榆树祭祀厅	民国	旗级　第三批	鄂托克前旗
182	城川天主教堂	现代	旗级　第三批	鄂托克前旗
183	呼拉胡古树	待定	旗级　第三批	鄂托克前旗
184	马拉迪古树	待定	旗级　第三批	鄂托克前旗
185	希尼乌苏岩画	青铜时代	旗级　第一批	鄂托克旗
186	阿如希尼乌苏岩画	青铜时代	旗级　第一批	鄂托克旗
187	骏扎布其尔岩画	青铜时代	旗级　第一批	鄂托克旗
188	塔本陶乐盖岩画	青铜时代	旗级　第一批	鄂托克旗
189	阿门乌苏岩画	青铜时代	旗级　第一批	鄂托克旗
190	哈日陶勒盖墓群	汉代	旗级　第二批	鄂托克旗
191	达亚海墓群	汉代	旗级　第二批	鄂托克旗
192	都西石窟	西夏	旗级　第二批	鄂托克旗
193	耐日胡石窟	西夏	旗级　第二批	鄂托克旗
194	道劳阿贵石窟	元代	旗级　第二批	鄂托克旗
195	召查汗敖包	元代	旗级　第二批	鄂托克旗
196	塔干都苦木石窟	清代	旗级　第二批	鄂托克旗

序号	公布名称与单体名称	时代	保护级别及批次	所在旗县（区）
197	哈日陶勒盖庙址	清代	旗级 第二批	鄂托克旗
198	毫庆召遗址	清代	旗级 第二批	鄂托克旗
199	博尔苏格遗址	汉代	旗级 第四批	杭锦旗
200	扎尔庙	明代	旗级 第四批	杭锦旗
201	敖伦布拉格庙	清代	旗级 第四批	杭锦旗
202	速太庙	清代	旗级 第四批	杭锦旗
203	胡庆召	清代	旗级 第四批	杭锦旗
204	独嘎庙	清代	旗级 第四批	杭锦旗
205	哈比日嘎庙	清代	旗级 第四批	杭锦旗
206	独贵塔拉兵团二十团旧址	近代	旗级 第四批	杭锦旗
207	吉日嘎朗图兵团二十五团旧址	近代	旗级 第四批	杭锦旗
208	呼和木独兵团二十三团旧址	近代	旗级 第四批	杭锦旗
209	巴图湾古墓群	汉代	旗级 第二批	乌审旗
210	图克镇变电站北梁古墓群	汉代	旗级 第二批	乌审旗
211	河南乡仓窑洼古墓	南北朝	旗级 第二批	乌审旗
212	纳林河镇古墓群	南北朝	旗级 第二批	乌审旗
213	纳林河二大队砖厂古墓群	南北朝	旗级 第二批	乌审旗
214	纳林河镇瓦则梁遗址及古墓群	南北朝	旗级 第二批	乌审旗

序号	公布名称与单体名称	时代	保护级别及批次	所在旗县（区）
215	巴彦柴达木古城	唐代	旗级　第二批	乌审旗
216	纳林河镇黑梁古墓群	唐代	旗级　第二批	乌审旗
217	布寨墓群	汉代	旗级　第三批	乌审旗
218	其劳敖包	明代	旗级　第三批	乌审旗
219	芒哈敖包 （芒哈图庙）	清代	旗级　第三批	乌审旗
220	哈日苏力德 （木华黎黑纛）	清代	旗级　第三批	乌审旗
221	乌兰陶勒盖庙及敖包	清代	旗级　第三批	乌审旗
222	查干敖包	清代	旗级　第三批	乌审旗
223	新庙梁墓群	清代	旗级　第三批	乌审旗
224	天云山真武庙	1909年	旗级　第三批	乌审旗
225	党家圪旦寨址	民国	旗级　第三批	乌审旗
226	奇金山	近现代	旗级　第三批	乌审旗
227	阿巴海胡热乎敖包	待定	旗级　第三批	乌审旗
228	通嘎拉敖包	待定	旗级　第三批	乌审旗
229	章干敖包	待定	旗级　第三批	乌审旗
230	青歌勒敖包	待定	旗级　第三批	乌审旗
231	班禅庙敖包	待定	旗级　第三批	乌审旗
232	九足白纛 （毛布拉格村）	待定	旗级　第三批	乌审旗

序号	公布名称与单体名称	时代	保护级别及批次	所在旗县（区）
233	苏莫图敖包	待定	旗级　第三批	乌审旗
234	胡图克台彻辰洪台吉黑缨苏力德	待定	旗级　第三批	乌审旗
235	阳湾遗址	新石器时代	旗级　第一批	准格尔旗
236	玉隆太古墓群	战国	旗级　第一批	准格尔旗
237	勿尔图沟古墓	秦汉	旗级　第一批	准格尔旗
238	大沙塔壁画墓	西夏	旗级　第一批	准格尔旗
239	原始次生林	待定	旗级　第一批	准格尔旗
240	前哈什拉遗址	新石器时代	旗级　第二批	准格尔旗
241	白草塔遗址	新石器时代	旗级　第二批	准格尔旗
242	油房遗址	新石器时代	旗级　第二批	准格尔旗
243	寨子上遗址	新石器时代　战国	旗级　第二批	准格尔旗
244	段家壕遗址	新石器时代	旗级　第二批	准格尔旗
245	山林峁遗址	新石器时代	旗级　第二批	准格尔旗
246	玻璃沟遗址	新石器时代 青铜时代	旗级　第二批	准格尔旗
247	李家圪堵遗址	新石器时代	旗级　第二批	准格尔旗
248	青草塔遗址	新石器时代	旗级　第二批	准格尔旗
249	沙井壕遗址	新石器时代　战国	旗级　第二批	准格尔旗
250	鲁家坡遗址	新石器时代　汉代 （新石器时代）	旗级　第二批	准格尔旗

序号	公布名称与单体名称	时代	保护级别及批次	所在旗县（区）
251	董家壕遗址	新石器时代	旗级　第二批	准格尔旗
252	速机壕遗址	新石器时代	旗级　第二批	准格尔旗
253	速机遗址	新石器时代	旗级　第二批	准格尔旗
254	沙圪梁遗址	新石器时代 青铜时代	旗级　第二批	准格尔旗
255	王家沙背遗址	新石器时代　夏商 西周　东周	旗级　第二批	准格尔旗
256	倒庆坝遗址	新石器时代　夏商 西周　东周	旗级　第二批	准格尔旗
257	圪针壕遗址	新石器时代	旗级　第二批	准格尔旗
258	烂窑圪嘴遗址	新石器时代　夏商 西周　东周	旗级　第二批	准格尔旗
259	敖包圪旦遗址	新石器时代	旗级　第二批	准格尔旗
260	阴阳沙梁遗址	新石器时代	旗级　第二批	准格尔旗
261	三架山遗址	新石器时代	旗级　第二批	准格尔旗
262	寨子塔遗址	新石器时代　夏商 西周　东周	旗级　第二批	准格尔旗
263	马家圪旦南遗址	新石器时代　汉代	旗级　第二批	准格尔旗
263	小鱼沟遗址	新石器时代	旗级　第二批	准格尔旗
265	城塔南遗址	新石器时代　夏商 西周　东周	旗级　第二批	准格尔旗
266	庙塔北遗址	新石器时代	旗级　第二批	准格尔旗
267	庙塔南遗址	新石器时代　夏商 西周　东周	旗级　第二批	准格尔旗
268	贺家沙背遗址	新石器时代　夏商 西周　东周　汉代	旗级　第二批	准格尔旗

序号	公布名称与单体名称	时代	保护级别及批次	所在旗县（区）
269	红水沟遗址	新石器时代　夏商　西周　东周　西夏	旗级　第二批	准格尔旗
270	官地遗址	新石器时代　夏　商　西周　东周	旗级　第二批	准格尔旗
271	官地圪咀遗址	新石器时代　夏商　西周　东周	旗级　第二批	准格尔旗
272	二里半遗址	新石器时代　夏商　西周　东周	旗级　第二批	准格尔旗
273	二道梁遗址	新石器时代　夏商　西周　东周　汉代	旗级　第二批	准格尔旗
274	荒地遗址	新石器时代	旗级　第二批	准格尔旗
275	杜家壕遗址	新石器时代	旗级　第二批	准格尔旗
276	二里半东遗址	新石器时代	旗级　第二批	准格尔旗
277	鲁家坡西遗址	新石器时代	旗级　第二批	准格尔旗
278	棋盘墕遗址	新石器时代　夏商　西周　东周　西夏	旗级　第二批	准格尔旗
279	崔二圪嘴遗址	新石器时代	旗级　第二批	准格尔旗
280	沙石墕遗址	新石器时代	旗级　第二批	准格尔旗
281	周家壕遗址	新石器时代　汉代　西夏　元代	旗级　第二批	准格尔旗
282	阳湾子遗址	新石器时代	旗级　第二批	准格尔旗
283	石佛爷圪旦墓群	新石器时代	旗级　第二批	准格尔旗
284	壕赖梁遗址	新石器时代	旗级　第二批	准格尔旗
285	张家梁遗址	新石器时代　夏商　周代	旗级　第二批	准格尔旗
286	西沟遗址	新石器时代　夏商　周代	旗级　第二批	准格尔旗

序号	公布名称与单体名称	时代	保护级别及批次	所在旗县（区）
287	坝梁遗址	新石器时代	旗级 第二批	准格尔旗
288	孙家峁墓群	新石器 汉代	旗级 第二批	准格尔旗
289	阴湾遗址	新石器时代 夏商周	旗级 第二批	准格尔旗
290	杨家梁遗址	新石器时代至汉代	旗级 第二批	准格尔旗
291	布拉沟遗址	新石器时代	旗级 第二批	准格尔旗
292	坟堰墓群	新石器时代	旗级 第二批	准格尔旗
293	刘家岔梁遗址	新石器时代	旗级 第二批	准格尔旗
294	缠峁梁遗址	新石器时代 汉代	旗级 第二批	准格尔旗
295	大路峁梁遗址	新石器时代	旗级 第二批	准格尔旗
296	石口子南遗址	新石器时代 元代	旗级 第二批	准格尔旗
297	石口子北遗址	新石器时代	旗级 第二批	准格尔旗
298	四分子遗址	新石器时代	旗级 第二批	准格尔旗
299	下南沟遗址	新石器时代	旗级 第二批	准格尔旗
300	上南沟遗址	新石器时代 汉代	旗级 第二批	准格尔旗
301	柳林滩梁畔遗址	新石器时代 汉代	旗级 第二批	准格尔旗
302	大树湾遗址	新石器时代	旗级 第二批	准格尔旗
303	沙卜图遗址	新石器时代	旗级 第二批	准格尔旗
304	八分子遗址	新石器时代 元代	旗级 第二批	准格尔旗

序号	公布名称与单体名称	时代	保护级别及批次	所在旗县（区）
305	房塔沟遗址	新石器时代	旗级　第二批	准格尔旗
306	席麻青墓群	新石器时代	旗级　第二批	准格尔旗
307	大口原峁墓群	新石器时代	旗级　第二批	准格尔旗
308	石羊峁梁遗址	新石器时代　汉代	旗级　第二批	准格尔旗
309	沙峁圪梁遗址	新石器时代	旗级　第二批	准格尔旗
310	前羊凹遗址	新石器时代 青铜时代	旗级　第二批	准格尔旗
311	西营子梁遗址	新石器时代	旗级　第二批	准格尔旗
312	毛乌素遗址	新石器时代	旗级　第二批	准格尔旗
313	五道敖包遗址	新石器时代	旗级　第二批	准格尔旗
314	马来子壕遗址	新石器时代	旗级　第二批	准格尔旗
315	吴背峁遗址	新石器时代	旗级　第二批	准格尔旗
316	窑子梁遗址	新石器时代	旗级　第二批	准格尔旗
317	王家圪卜遗址	新石器时代	旗级　第二批	准格尔旗
318	刘家渠遗址	新石器时代	旗级　第二批	准格尔旗
319	壕圪卜遗址	新石器时代	旗级　第二批	准格尔旗
320	兔漫梁遗址	新石器时代 青铜时代	旗级　第二批	准格尔旗
321	东峁遗址	新石器时代 青铜时代	旗级　第二批	准格尔旗
322	羊圪嘴遗址	新石器时代	旗级　第二批	准格尔旗

序号	公布名称与单体名称	时代	保护级别及批次	所在旗县（区）
323	武二维遗址	新石器时代 西周 东周	旗级 第二批	准格尔旗
324	王三秃圪旦遗址	新石器时代	旗级 第二批	准格尔旗
325	王家圪旦遗址	新石器时代	旗级 第二批	准格尔旗
326	大路梁遗址	新石器时代	旗级 第二批	准格尔旗
327	席麻青遗址	新石器时代	旗级 第二批	准格尔旗
328	杜家梁窑址	夏商 西周 东周	旗级 第二批	准格尔旗
329	敖包茨崂遗址	夏商 西周 东周	旗级 第二批	准格尔旗
330	柳树渠遗址	夏商 西周 东周	旗级 第二批	准格尔旗
331	阳塔墓群	夏商 西周 东周	旗级 第二批	准格尔旗
332	麻坝湾遗址	夏商 西周 东周 汉	旗级 第二批	准格尔旗
333	后壕阳湾遗址	夏商 西周 东周	旗级 第二批	准格尔旗
334	宝亥社青铜器出土点	周代	旗级 第二批	准格尔旗
335	宝亥墓群	春秋	旗级 第二批	准格尔旗
336	城塔城址	战国 秦代 汉代	旗级 第二批	准格尔旗
337	小庙坡遗址	战国 秦代 汉代	旗级 第二批	准格尔旗
338	赛不拉墓群	战国 西夏	旗级 第二批	准格尔旗
339	黄家梁墓群	青铜时代	旗级 第二批	准格尔旗
340	乃彦梁遗址	青铜时代	旗级 第二批	准格尔旗

序号	公布名称与单体名称	时代	保护级别及批次	所在旗县（区）
341	打麻梁遗址	青铜时代	旗级　第二批	准格尔旗
342	钉子峁遗址	青铜时代	旗级　第二批	准格尔旗
343	大沙梁遗址	青铜时代	旗级　第二批	准格尔旗
344	王宝沙畔遗址	汉代　元代	旗级　第二批	准格尔旗
345	贺家圪楞遗址	汉代	旗级　第二批	准格尔旗
346	伙房圪旦遗址	汉代	旗级　第二批	准格尔旗
347	道尔吉沟梁墓群	汉代	旗级　第二批	准格尔旗
348	榆树塔遗址	汉代	旗级　第二批	准格尔旗
349	神地峁遗址	汉代	旗级　第二批	准格尔旗
350	烂窑圪嘴墓群	汉代	旗级　第二批	准格尔旗
351	贾家圪旦遗址	汉代	旗级　第二批	准格尔旗
352	银盘圪台遗址	汉代	旗级　第二批	准格尔旗
353	林场墓群	汉代	旗级　第二批	准格尔旗
354	敖包门遗址	汉代	旗级　第二批	准格尔旗
355	张三渠遗址	汉代	旗级　第二批	准格尔旗
356	窑子塔墓群	汉代	旗级　第二批	准格尔旗
357	宝隆昌遗址	汉代　宋代	旗级　第二批	准格尔旗
358	纳林沟遗址	汉代　宋代　元代	旗级　第二批	准格尔旗

序号	公布名称与单体名称	时代	保护级别及批次	所在旗县（区）
359	审垴壕遗址	汉代	旗级　第二批	准格尔旗
360	旧窑子峁遗址	汉代	旗级　第二批	准格尔旗
361	魏家坡墓群	汉代	旗级　第二批	准格尔旗
362	城圪梁城址	汉代	旗级　第二批	准格尔旗
363	榆树圪嘴墓群	汉代	旗级　第二批	准格尔旗
364	福路塔墓群	北魏	旗级　第二批	准格尔旗
365	石佛塔遗址	北魏	旗级　第二批	准格尔旗
366	吕家圪旦墓群	北魏	旗级　第二批	准格尔旗
367	古城圪梁城址	隋代　唐代	旗级　第二批	准格尔旗
368	天顺圪梁城址	唐代　辽代	旗级　第二批	准格尔旗
369	前房子遗址	辽代　金代	旗级　第二批	准格尔旗
370	马家圪旦遗址	宋代	旗级　第二批	准格尔旗
371	石洞梁城址	宋代	旗级　第二批	准格尔旗
372	敖包梁敖包	宋元	旗级　第二批	准格尔旗
373	宋保宁砦故城	北宋	旗级　第二批	准格尔旗
374	庙圪旦墓群	西夏　元代	旗级　第二批	准格尔旗
375	马山圪嘴墓群	西夏　元代	旗级　第二批	准格尔旗
376	后独立沟遗址	西夏	旗级　第二批	准格尔旗

序号	公布名称与单体名称	时代	保护级别及批次	所在旗县（区）
377	阳湾子墓群	西夏	旗级　第二批	准格尔旗
378	焦家圪旦墓群	西夏	旗级　第二批	准格尔旗
379	前塔遗址	西夏	旗级　第二批	准格尔旗
380	敖包渠窖藏	西夏	旗级　第二批	准格尔旗
381	永胜壕敖包	元代	旗级　第二批	准格尔旗
382	帐房湾窑址	元代	旗级　第二批	准格尔旗
383	南梁墓群	元代	旗级　第二批	准格尔旗
384	念壕梁遗址	元代	旗级　第二批	准格尔旗
385	松树壕敖包	元代	旗级　第二批	准格尔旗
386	南圪台遗址	元代	旗级　第二批	准格尔旗
387	石圪梁遗址	元代	旗级　第二批	准格尔旗
388	红台子遗址	明代	旗级　第二批	准格尔旗
389	包子塔遗址	明代	旗级　第二批	准格尔旗
390	不列沟庙址	清代	旗级　第二批	准格尔旗
391	五圪兔儿沟庙	清代	旗级　第二批	准格尔旗
392	大南沟石窟	清代	旗级　第二批	准格尔旗
393	点素敖包	清代	旗级　第二批	准格尔旗
394	召沟子庙址	清代	旗级　第二批	准格尔旗

序号	公布名称与单体名称	时代	保护级别及批次	所在旗县（区）
395	大庙圪旦庙址	清代	旗级　第二批	准格尔旗
396	哈业尔乌素庙	清代	旗级　第二批	准格尔旗
397	赵氏商人清代故居	清代	旗级　第二批	准格尔旗
398	清代古屋	清代	旗级　第二批	准格尔旗
399	宝亥柴敖包	清代	旗级　第二批	准格尔旗
400	长滩关帝庙	清代	旗级　第二批	准格尔旗
401	德明堂	清代	旗级　第二批	准格尔旗
402	杨尔登达来清代故居	清代	旗级　第二批	准格尔旗
403	中共魏家峁党支部旧址	民国	旗级　第二批	准格尔旗
404	麻地梁部队营房旧址	新中国	旗级　第二批	准格尔旗
405	窑沟乡供销社旧址	新中国	旗级　第二批	准格尔旗
406	算账圪旦小学旧址	新中国	旗级　第二批	准格尔旗
407	准格尔旗烈士陵园	现代	旗级　第二批	准格尔旗
408	碾房渠庙	待定	旗级　第二批	准格尔旗
409	王三圪梁遗址	待定	旗级　第二批	准格尔旗
410	蒙家敖包关帝庙	待定	旗级　第二批	准格尔旗
411	阳湾北遗址	待定	旗级　第二批	准格尔旗
412	酸刺壕敖包圪旦遗址	待定	旗级　第二批	准格尔旗
413	塔布窑子遗址	待定	旗级　第二批	准格尔旗
414	王家梁墓群	待定	旗级　第二批	准格尔旗

序号	公布名称与单体名称	时代	保护级别及批次	所在旗县（区）
415	三道敖包	待定	旗级　第二批	准格尔旗
416	小鱼沟奶奶庙	待定	旗级　第二批	准格尔旗
417	阴圪旦沙梁遗址	待定	旗级　第二批	准格尔旗
418	五慈庙	待定	旗级　第二批	准格尔旗
419	柴敖包	待定	旗级　第二批	准格尔旗
420	张家塔遗址	待定	旗级　第二批	准格尔旗
421	韩家梁遗址	待定	旗级　第二批	准格尔旗
422	白家塔墓群	待定	旗级　第二批	准格尔旗
423	几家梁墓群	待定	旗级　第二批	准格尔旗
424	敖包圪旦敖包	待定	旗级　第二批	准格尔旗
425	红进塔遗址	待定	旗级　第二批	准格尔旗
426	玉堂敖包	待定	旗级　第二批	准格尔旗
427	马任圪梁墓群	待定	旗级　第二批	准格尔旗
428	黑龙庙	待定	旗级　第二批	准格尔旗
429	平盖梁遗址	待定	旗级　第二批	准格尔旗
430	大沙峁遗址	待定	旗级　第二批	准格尔旗
431	陈二蛇圪旦墓群	待定	旗级　第二批	准格尔旗
432	红塔圪旦遗址	待定	旗级　第二批	准格尔旗
433	吉祥福慧寺	清代	旗级　2004年	伊金霍洛旗

后记

　　《鄂尔多斯文化遗产》一书，是由内蒙古自治区文物考古研究所组织编撰的《内蒙古文化遗产丛书》之一。全书按照时代序列，分为旧石器时代、新石器时代、青铜时代、秦汉时期、魏晋北朝时期、隋唐五代时期、宋辽夏金元时期、明清时期、近现代等九个部分。每个部分之下，大致依照古遗址、古墓葬、古建筑、石窟寺及石刻、其它等五个不可移动文物分类的顺序，依次介绍每个不可移动文物点。

　　本书中介绍的不可移动文物点，共有66处，主要包括了全国重点文物保护单位、内蒙古自治区重点文物保护单位以及部分市旗级重点文物保护单位。对这些文物点的介绍，包括了文物的基本状况、前人工作与研究概况等文字内容，并配有文物本体照片、采集和出土文物照片等。

　　本书综述主要是介绍鄂尔多斯市的自然环境、人文历史以及以往文物考古工作概况等。附录主要是对鄂尔多斯市的全国重点文物保护单位、内蒙古自治区重点文物保护单位、鄂尔多斯市市县级重点文物保护单位做一个较为全面的统计。本书由岳够明制定具体的编撰体例，甄自明撰写了综述，徐焱、苏亚坤、查苏娜、王颖做了大量的前期资料收集整理工作，由岳够明、甄自明统稿，最后由陈永志审定稿。具体参加文物点撰稿的人员有岳够明、甄自明、卢悦、李鹏珍、李双、徐焱、查苏娜、冯吉祥、王颖、包蕾、刘长征、王永胜、白志荣、白虹、白庆元、齐杭生、李绿峰、王清云、张旭梅、前途等。文物点的照片、图纸等资料的提供者，具体见于每个文物点的介绍文字。部分照片扫描自《鄂尔多斯青铜器》、《鄂尔多斯史海钩沉》、《鄂尔多斯文化》（文物卷）、《内蒙古中南部的鄂尔多斯青铜器和文化》和《中国出土壁画全集》（内蒙古）等书，由于篇幅的限制，不能一一列举。

在本书编撰过程中，秦旭光、王永胜、白志荣、白庆元、齐杭生、李绿峰、王清云、张旭梅、前途等同仁及时提供了自治区级、旗（区）级重点文物保护单位公布文件、相关遗迹遗物照片等资料，在此表示诚挚的谢意。特别感谢杨泽蒙研究员、连吉林研究员、王志浩研究员、高毅研究员、艾冲教授、侯亚梅研究员、张家富教授、尹春雷-研究员、冯文勇博士、刘扬博士，在写作过程中参考或引用了他们的资料。

本书的资料来源，包括了内蒙古自治区文物考古研究所历年来的考古调查与发掘成果、其他文物单位的考古调查与发掘成果、新中国成立以来开展的三次不可移动文物普查资料、全国长城资源调查资料、相关专家学者的考古研究成果等等。面对如此庞杂的资料来源，书中列出的参考文献，难免挂一漏万，如有个别遗漏，还望原作者谅解。

本书承蒙内蒙古自治区党委常委、宣传部乌兰部长撰写了序言，在此表示由衷的敬意与诚挚的感谢！

本书成书较为仓促，难免存在错讹与不足之处，敬请读者批评指正。

编者

2014年3月17日